禅释庄子

于仲达 著

图书在版编目（CIP）数据

禅释庄子 / 于仲达著. -- 上海：上海科学技术文献出版社，2017
ISBN 978-7-5439-7511-8

Ⅰ. ①禅… Ⅱ. ①于… Ⅲ. ①道家 ②《庄子》—研究 Ⅳ. ① B223.55

中国版本图书馆 CIP 数据核字 (2017) 第 187154 号

责任编辑：王 珺 荣 然
封面设计：马晓琴

书　名：禅释庄子
于仲达 著
出版发行：上海科学技术文献出版社
邮政编码：200040
经　销：上海市长乐路 746 号
印　刷：三河市天润建兴印务有限公司
开　本：880×1230　1/32
印　张：6.5
字　数：141000
版　次：2017 年 8 月第 1 版　2017 年 8 月第 1 次印刷
书　号：978-7-5439-7511-8
定　价：30.00 元
http://www.sstlp.com

序

如果评选中国几千年历史中最有才情的人，相信得票最多的一定是庄子。

庄子是位大觉者，他的潇洒精神，则来源于他的道的方法、道的手段，以及必要的修炼。

庄子(约前369年—前286年)，名周，战国时宋国蒙地(今安徽蒙城)人，和我同属于安徽阜阳人，尝为蒙地漆园小吏，生平事迹不详。但就是这么一个生平事迹都不详的人，却开创了另外一种独特的生命存在方式，让我们的灵魂能得到片刻的清凉。

翻阅《庄子》一书，一阵清幽古朴之风迎面拂来，仿佛把我们带到了一个奇妙的世界。从"子非鱼，安知鱼之乐"到"庄子梦蝶"，从"庖丁解牛"和"运斤成风"，我们可以体会他那种清静无为、明哲保身、逍遥自在、与世无争的生命哲学。据《庄子·列御寇》载：庄子生命垂危时，弟子们商量如何为其厚葬。庄子得知，对弟子说：我视蓝天为自己的棺椁，把光辉的太阳和皎洁的月亮看作相连的宝玉，天上的星星是珍贵的珍珠，把天下万物当作自己的殉葬品，这还不够齐备吗？何必还搞什么厚葬？当他的弟子解释说，怕他的遗体为乌鸦啄食时，庄子说，放在地面上为乌鸦老鹰啄食，埋到地下则会被蝼蚁所食，这就等于从老鹰嘴里夺过来，再送到蝼蚁嘴里，你们这不是偏心吗？庄子把死看得很淡，他觉得，人既然已经死了，就等于回归了宇宙自然之中，暴尸或深葬，为鸟啄，为蚁食，反正都一样，何必那么在意？承认生命的自然属性，当生则生，不当生则不生，生则好好生活，死则超然以对。似这等通达和潇洒，今天的人们有几个能得其遗风？

庄子的学问是生命的哲学，庄子的智慧是生命的智慧。它是一种大智慧，是一种在宇宙视野指导下的人生体悟。

读《庄子》，犹如注入了一泓心灵的清泉，获得心灵的宁静，感悟生活的快乐，追逐生命的自由。读《庄子》，像是读着先知的智慧，没了牵挂羁绊；像是循着众神的行迹，没了生死障碍。今天，庄子飞越两千多年的时空，给我们浮躁功利的心灵带来清凉与宁静。

当今社会，说自己活得累的人是越来越多了。为什么呢？这都是被"聪明"所累啊。我们不禁要问，就在我们身边，有多少人整天忙忙碌碌却没有真正体会到生活的美好？为了物质利益，有多少人迷失了方向，找不到生命的本真？是的，人的心灵之所以逐渐地消失，不就是因为过于执迷于身外之物了么？然而当心灵拥有了广度、深度和厚度时，才能获得洞穿世俗的睿智、平和内敛的气度、闲庭信步般的超然，最终感悟到生命的高贵和富有。

庄子的逍遥是建立在痛苦的基础上的，不是没心没肺的逍遥。我一直以为，那些整天从逍遥快乐来解读庄子的做法是一种误解。能否透过字面和厚厚的风尘，体会他那一颗苦悲的心，是对现代人的考验。庄子的痛苦是一个先知者的痛苦，仿佛释迦牟尼，仿佛耶稣基督，仿佛鲁迅，可是他并没有就此卸下精神重负,也没有像聪明人那样抽身而去,而是背负重担思考,在对伪价值的不断质疑之中建构了他的生命哲学。

庄子在《知北游》中写道:

东郭子问庄子道:"你经常说的'道'究竟在哪里呢?"

庄子回答说:"道是无所不在的。"

"到底在什么地方呢?请你明白告诉我。"东郭子又问。

"在蝼蛄和蚂蚁的身上。"庄子说。

"怎么这样低下呢?"

"在小米和稗子里面。"

"怎么更加低下了呢?"

"在瓦甓里面。"

"岂不越来越低下了吗?"

"在大小便里面。"

东郭子听说"在大小便里面",觉得庄子越答越不对头,便不再问下去了。

庄子对东郭子说:"你要我明白告诉你'道'在什么地方,我只有把它说得低下些,才能显出'道'的无所不在,你为什么不高兴呢?"

"道"就是道理,也含有规律的意思。世界上一切事物,大如宇宙、人类,小如蝼蚁、瓦甓,都包含一个道理,都受一定的规律的支配,所以"道"是无所不在的。庄子故意把"道"形容得那么低下,旨在打破当时一般人对"道"的神秘观念,强调了"道"是不以人们意志为转移的事实。可见庄子是得道相当深邃的人,因而能深入浅出,通晓人的心理状态与社会现状。

庄子不仅是一个寓言家、思辨哲学家,还是个大"愤青"。

对于不合理的制度,他激烈批判,他认为好的政治就是无为政治,他提倡"在宥"天下,任性而为,以百姓的意志为意志,反对以肆意妄为去治理天下。有为政治的特点表现为以德治国、以智治国、以法治国、以力治国。他认为这几者不但不足以治天下,反是使天下陷入混乱不可收拾的根源。

庄子是中国古代伟大的思想家,他认为事物之间都存在着有与无、大与小、美与丑、善与恶等矛盾,既相互依存又相互转化,创立了相对主义的方法论,构成了一个完整的思想体系。

庄子告诫世人:"丧己于物,失性于俗,谓之倒置之民。"一个人如果把自己迷失在物质世界里,把自己的性情流失在世俗之中,那么这个人便本末倒置了。如果一个人丧己于物,失性于俗,那么他就会彻底找不到自己内心真正的价值和力量。所以活在当下,重要的是在自己的心灵中有多少有价值的生命能够真正活下去。

庄子推崇和追求物与我、人与自然和谐的自然境界,他提倡"顺其自然","常因自然而不益生",主张"与天为徒",而致天人合一,将人对自然界规律的适应看成是养生根本,将天人合一的浑然天成看成是养生的最佳状态。

庄子对生命的思考异常丰富,在庄子看来,大道不可以外求,要自求吾心,直接为道。

的确,我们能感知有限,是因为我们离现实太近。为了增大和现实世界的距离,能达到逍遥于物外,任天而游于无穷,首先要坚持无为,要达到无名、无功、无用、无己,超越一切名誉和功利。

遗憾的是,后世形形色色的"权威"注家断章取义乃至生吞活剥,将一篇浑然天成、淋漓尽致的《庄子》注得支离破碎,面目全非。我的解读无意以哲学思辨为重点,对书中的关键概念(如道、德、天、性、情、自然等)及价值判断不作深究,而是着眼于庄子的生命哲学逐一剖析。让我们以敬畏的心态理解庄子,靠近庄子的内心,以一种超然脱俗的处世智慧来面对生活,相信必将给人们带来很大的益处。

于中达

2015年8月17日

第一章 《庄子·人间世》——乱世中的安顿

所谓"人间世",就是庄子所设身其中的现实社会。庄子以最犀利的洞察力和冷静的态度写出了残酷、暴虐、荒谬的社会真相,让我们颤栗不已。当庄子冷眼俯瞰这灰暗的"人间世"时,他感到生命的悲凉和心痛。为走出灰暗的"人间世",庄子开始了漫长的哲学探寻。强烈的个体生命意识是庄子思想最鲜明的标志——如何安顿自己的生命,这是庄子思考的重点。

安顿自己 / 2
空明的心 / 8
心无挂碍 / 14
外化内独 / 18
无用之用 / 24
活在当下 / 29

禅释庄子

第二章 《庄子·养生主》——顺应自然之道

养生的关键在于，顺应自然之道——就是处理自己和他人与社会的关系，如何在错综复杂的荆棘丛林中找到存身之地，积极掌控自己的命运，在牢笼中求生存。真正的养生就是把自己融入宇宙大化当中，与死亡连为一体。绝大多数人必须承认自己的局限性，对于不能控制的领域，最明智的做法就是保持沉默。

保全天性 / 35
处世有术 / 39
心的自由 / 45
生命无常 / 49

第三章 《庄子·德充符》——循宇宙之"道"

一个空灵与虚通的境界，是道和德充实内心的世界，就是超越形体和外物的世界。在庄子的生命里，德是"心斋"了的世界，可以"虚室生白"，是一种"游心于道"的状态，不同于有形世界的精神世界。

守守住本心 / 58
回归自性 / 63
心之忧苦 / 67
超然物外 / 72
超越"情执" / 78

第四章 《庄子·齐物论》——破除"我执"

齐物是"破除"万物的一种方式——让生命从万物中摆脱出来,它要使万物的差别统统消失,道通为一。齐物的关键不是物而是心,有心就意味着能知善恶、美丑、是非,自然就会陷入争斗、算计、冲突与焦虑之中,这样的心就是"成心"。齐物就是无"我",扬弃我执,打破自我中心。

庄子通过丧我、梦蝶、与物俱化等,对人类思维中的误区、枝节,语言中的词不达意等,进行了多角度的批评,并指出了一条道路,那就是回归虚无,进入虚无,用佛教的话来讲,就是归于空性。

遗形忘心 / 84

人间囚笼 / 90

"心"的迷失 / 96

破除"我执"(开始) / 102

以"道"观之 / 108

融化为一 / 114

第五章 《庄子·大宗师》——大道为师

宗人为师,总不免在这个世界的牢笼里打转,生命被种种藩篱和枷锁套死了。

宗道为师,就是给生命找个超越人间世的最高依据,从而将生命

"真人"无"己" / 121

同于大"道" / 125

从身外之物以及相关价值中提升出来。

庄子从一个更高的角度来审视这个世界,"此亦一是非,彼亦一是非",泯灭了差别,这都是从生命的历程中体悟出来的。庄子在表面有一些超脱,有一些逍遥,但背后是沉重的。

本心清静 / 129
安时处顺 / 135
遗忘自我 / 139

第六章 《庄子·逍遥游》——心的逍遥

庄子所追求的自由,不是外在的现实性的自由,而是内在的、精神上的自由。这是因为,庄子把人不自由的原因,本质上归结为对心灵的束缚。在他看来,人之所以不自由,不是源自于外,而是源自于内,源自于个体心灵的自我束缚,即心存"桎梏"、"怀有"心结的结果。要想自由,必须超越束缚,亦即在心灵上对现实存在的必然性予以超越,庄子认为这种超越必须做到无己、无功、无名。

俯瞰"小我" / 146
开阔视野 / 149
摆脱狭隘 / 154
游心于道 / 158
心之逍遥 / 163

第七章 《庄子·应帝王》——保持自性

在生命的意义上，每个人都是自己的帝王。

成为帝王，不是成为世俗的皇帝，而是让自己成为生命和世界的主人。

如何成为生命和世界的主人？就是回到生命本初的状态，没有任何欲望，打破万物界限，成为一个整体。

庄子的心始终是虚静又清冷的，他对这个世界有着一种无法释然的关怀，这种关怀就像寒冬夜晚的光波。

外物之累 / 168

清静无为 / 175

返朴守真 / 180

万境归心 / 182

浑沌之死 / 186

后　记

第一章 《庄子·人间世》——乱世中的安顿

所谓"人间世",就是庄子所处身于其中的现实社会。庄子以最刻骨铭心的洞察力和冷静的态度写出了残酷、暴虐、荒谬的社会真相,让我们颤栗不已。当庄子冷眼俯瞰这灰暗的"人间世"时,他感到生命的悲凉和心痛。为走出灰暗的"人间世",庄子开始了漫长的哲学探寻。强烈的个体生命意识是庄子思想最鲜明的标志——如何安顿自己的生命,这是庄子思考的重点。

禅释庄子

安顿自己

【原文】

颜回见仲尼，请行。曰："奚之？"曰："将之卫。"曰："奚为焉？"曰："回闻卫君，其年壮，其行独；轻用其国，而不见其过；轻用民死，死者以国量乎泽若蕉，民其无如矣。回尝闻之夫子曰：'治国去之，乱国就之，医门多疾。'愿以所闻思其则，庶几其国有瘳乎！"

仲尼曰："嘻！若殆往而刑！夫道不欲杂，杂则多，多则扰，扰则忧，忧而不救。古之至人，先存诸己而后存诸人。所存于己者未定，何暇至于暴人之所行！"

【翻译】

颜回拜见孔子，向他辞行。

孔子问："到哪里去？"

颜回说："要到卫国去。"

孔子问："去做什么？"

颜回说："我听说卫国的君主，年壮气盛，行为专断，处理国事轻举妄动，而不知过错；轻于用兵不恤人民的生命，死的人积满了山泽，好像干枯的草芥一般，人民真是无所依归了。我曾听先生说过：'安定的国家可以离开，危乱的国家可以前往，好像医生的门前有很多的病人。'希望根据先生所说的去实行，或许这个国家还可免于损害吧！"

孔子说："唉！你去了只怕要遭受杀害啊！'道'是不宜喧杂的，喧杂就多事，多事就受到搅扰，搅扰就引致忧患，忧患来到时自救也来不及了。古时候的'至人',先求充实自己然后才去扶助别人。如果自己都还立不稳,怎能去纠正暴人的行为呢?

一个"嘻!"字,看起来像是冷笑,既表明惊诧,又微含着讥讽。在孔子看来,这哪里是去医治卫君的病态,简直是去受刑,甚或是送死。这里的孔子完全成了庄子的代言人,他苦口婆心地告诫颜回与暴君相处的凶险以及求名用智之害。这里的"先存诸己,后存诸人"的说法很容易让人联想到孔子的推己及人的忠恕之道。

《人间世》旨在论述庄子的自救哲学。庄子过早地感受了一切竞争的荒谬性与悲剧性,他过早地唾弃了拯救社会的理想,而且直面自身——面对全然无法改变而令人失望的一切。只能自救,只能超度,庄子知道他没有办法改变人类的一切特有的麻烦,他尤其怀疑儒墨那一套应该叫做饮鸩止渴、火上浇油的规范与观念。他认为这些规范与观念令生存与政治、社会竞争更加细腻而又惨烈,虚矫而又无孔不入。他认为儒墨那一套与其说是在助人,不如说是在害人。他不能拯救人生、竞争、社会与资源配置,只能拯救灵魂,拯救自己,他只能搞精神的一己的胜利与陶醉,搞精神迷醉。当然,庄子可以在某些问题上与阿Q貌似形似,心有灵犀,但是未庄的阿Q君永远不可能写出《庄子》。

"先存诸己而后存诸人"是什么意思呢?就是先把自己搞定,安顿自己是重要的。连自我也搞不定,怎能搞定这个世界呢?如果不能保全自己,又何以救世呢?这就需要先让自己虚静下来,尤其要摒除掉好"名"、争"智"之心。这是思路的根本转变,在安顿别人之前先安顿自己,就是首要生存和活下去。安顿自己而不是拯救社会,是庄子思想区别于孔、墨、孟的显著特征。

"存诸己"体现出的首先是对自己生命的重视,救世因此落在了生命之后,成为次要的东西。"'先存诸己而后存诸人'的原则,使得对己的关怀成为比救世更重要的考虑"。处于无道的社会,连孔圣人都无法救世,庄子如何还会再生救世之心?在一个虚伪扭曲的社会中,真善美是很难有生存的土壤的,那些恶人不会理解善良人的愿望,真人会被当作狂人,有道德和智慧的人更能引发和强化他们倾轧和争斗之心。一般的读书人都追求学而优则仕,希望为社会所用。庄子并不是生来就是我们看到的庄子,他曾做过管漆园的小吏,说明他并不是生来就没有救世之心。庄子借楚国接舆之口说道:"天下有道,圣人成焉。"

孔子、墨子和孟子的共同处是相信苦难的根源是政治,因此希望从政治上解决问题。庄子与他们不同,庄子不以救苦的圣贤自命,不愿担当救世责任,也不认为从政治上可以救世。他只是孤身一人辗转于下层民众和社会边缘人中间。

在对庄子哲学思想的研究中,不少学者认为超现实的神秘的"道"是庄子的思考重心。但若离开了他对生命存在的深刻体察的现实关怀,他的精神自由岂不变得轻飘飘了?如果没有这么一个沉痛的庄子,何来一个自由飘逸的庄子呢?庄子很达观,很逍遥,很飘逸,但不是无根的逍遥,他的体验是建立在对世界的通透的认识之上。所以,我把《人间世》作为开篇,让我们先在人间世体会庄子的身心处境。许多人不理解这点,经常把庄子理解成一个消极无奈的遁世者。庄子并不像许多人说的那样活得很潇洒，相反是一个很累的人，因为他把什么都琢磨透了。庄子对于黑暗社会、腐朽政治进行抨击，表面上是用一种漠不关心的态度来看待生命，"知不可为而安之若命，唯有德者能之"，但胡文英则在《庄子独见》中系统论述了他游世外表下的热情："庄子眼极冷，心肠极热。眼冷，故是非不管；心肠热，故感慨万端。"心忧天下，这是庄子和中国知识分子对社会应有的关注和良知。

《人间世》是庄子内七篇中最写实的一篇，以至于有学者质疑此篇是否出于庄子之手。然而，在我看来正是这样一个沉重的庄子构成了庄子哲学的基础。

所谓"人间世"，就是庄子所处身于其中的现实社会。庄子虽曾幻想着"逍遥"于"无何有之乡"，"彷徨乎广漠之野"（《逍遥游》），但是，庄子对苦难世界的冷峻审视和对人生悲剧的深刻体验，这才构成了庄子处世哲学所以产生的客观前提。

中国传统的文人尤为看重精神生活，比常人有更多的痛苦，其脆弱的心理难以承受黑暗势力的打击与折磨，更何况是在充满矛盾的人间世。苦难生活对精神世界极度丰富的庄子心理上造成不可磨灭的印迹，《人间世》其实就是社会人生黑暗的象征，而且庄子有一种特别的感受，就是一个人被黑暗吞没，并不是因为他自己的过错，而是命运强加在他头上的。这种强加既轻而易举又蛮横冷酷。一个人被杀了，从社会的角度看也许可以找到理由，从个人角度看却没有什么理由。

《人间世》举的例子，颜回即使到了魏国，用尽各种各样的办法，也没有办法达到他的目标。儒家有某种政治冲动，但无论怎样都是"以德抗位"，这个结果不会是好的。所以，庄子最后的落脚点就仅仅是生存，是很无奈的。庄子认为，颜回这种儒家所标榜的"仁以为己任"的责任伦理中隐含着一种内在的动机,即好名争智。你看颜回,为了建功立名,他费尽了心机,从天到人到古人,寻找跻身世间的门径和救世的药方。这种私心成见,不但不能治理国家,而且即便是治一己之身心也会产生极大危害。《人间世》中的颜回在孔子的教诲下从急于奔赴危邦去拯救暴政中的民众,回到个体虚寂的内心世界。

《人间世》讲人与世界的关系,也即是人与人之间的关系。从对待政治的态度,庄子勾勒了有三类人:一是汲汲追求用世,希望跻身政治的人,颜回、仲尼是也;二是已经出仕跻身政治的人,就要出使齐国的叶公子高和将傅卫灵公太子的颜阖是也;三是看透了政治险恶,打算退出或已经退出那种被迫性困境的人,具有寓言象征意义的虚拟人物南伯子綦、支离疏、楚狂接舆是也。如何在如此险恶的人间世处世与自处呢?庄子启示我们,你要学会在荆棘丛林中存身,摈弃或者暂时放下那颗火热的救世之心,与这个世界保持适当的距离。庄子只是一个生活在人间世的为了全生而在"心之逍遥"和"形之委蛇"中彷徨的智者。"虚""安命""无用"是经历汲汲用世的迷茫,身在局中的煎熬之后无奈的选择。故王蒙先生说:"一味地讲神游,一味地在心上使劲,在神上使劲,这里又不无悲凉,不无阿Q,不无无奈,不无忽悠,不无恍兮惚兮,四顾茫茫,大荒而且无稽。这正是中华文化的魅力所在、安适所在,也是悲剧所在、沉痛所在。"

庄子乃是以普通人的心态敏锐地感受和体验着现实人生,而非以哲学家或拯救者的姿态居高临下地俯瞰着现实世界,带有强烈的主体意识,这点似乎与禅宗相同。禅宗启示我们,成佛必须先从自救与救人做起,若要自救救人,又必须先来认识人生，肯定人性，并将这一人性作纵横面的通达出去，而使自己成为一个悲天悯人而接近于完人的人（在人类之中除了成佛，不会有真正的完人），那离成佛，也将不会远了。活着，是庄子的哲学精髓。如果人人追求各自的心灵安适，这个世界也许会少了很多争斗，少了许多勾心斗角。

人是宇宙的全部奥秘。其实，大千世界，认识人本身是最难的。迄今为止，"人"仍然是个谜。认识世界的第一步就是认识你自己，只有我们真正认识了自己之后才能认识整个世界，而认识自己比认识整个世界要困难多了，给我们造成困惑的往往是我们自己。

禅院新来了一个小和尚，他积极主动地去见智闲禅师，诚恳地说："我新来乍到，先干些什么呢？请前辈指示和指教。"

智闲禅师微微一笑，对小和尚说："你先认识、熟悉一下寺里的众僧吧！"

第二天，小和尚又来见智闲禅师，诚恳地说："众僧我都认识了，下边该做什么呢？"

智闲禅师微微一笑，说："肯定还有遗漏，接着去了解、去认识吧！"

三天后，小和尚再次来见智闲禅师，有把握地说："所有僧侣我都认识了，我想有事做。"

智闲禅师微微一笑，因势利导地说："还有一人，你没认识，而且，这个人对你特别重要！"

小和尚满腹狐疑地走出禅师的禅房，一个人一个人地询问着，一间屋一间屋地寻找着。在阳光里、在月光下，他一遍遍地琢磨、一遍遍地寻思着。

不知过了多少天，一头雾水的小和尚，在一口水井里忽然看到自己的身影,他豁然顿悟了,赶忙跑去见老禅师……

认识自己,降伏自己,改变自己,才能改变别人,也才有改变社会的可能。今日的盲目执著,会造成明日的悔。我们在看问题办事情的时候,不要死钻牛角尖,应该灵活和变通,对事物的认识应该随着事物的变化发展而改变。只有这样,我们才能获得正确的认识,才会以正确的方法处理问题。

空明的心

【原文】

颜回曰:"吾无以进矣,敢问其方。"仲尼曰:"斋,吾将语若!有心而为之,其易邪?易之者,暤天不宜。"颜回曰:"回之家贫,唯不饮酒不茹荤者数月矣。如此,则可以为斋乎?"曰:"是祭祀之斋,非心斋也。"回曰:"敢问心斋。"仲尼曰:"若一志,无听之以耳而听之以心,无听之以心而听之以气!听止于耳,心止于符。气也者,虚而待物者也。唯道集虚。虚者,心斋也。"

【翻译】

颜回说:"我没有更好的办法了,请问有什么方法?"

孔子说:"你先斋戒,我再告诉你。你有了成心去做事,哪里有这么容易呢?如果你以为容易,那就不合自然的道理了。"

颜回说:"我家里贫穷,不饮酒、不吃荤已经有好几个月了。这样子,可算是斋戒了吗?"

孔子说:"这是祭祀的斋戒,并不是'心斋'。"

颜回说:"请问什么是'心斋'?"

孔子说:"你心志专一,不用耳去听而用心去体会,不用心去体会而用气去感应。耳的作用止于聆听外物,心的作用止于感应现象。气乃是空明而能容纳外物的,只要你到达空明的心境,道理自然与你相合。'虚'(空明的心境),就是'心斋'。"

这个部分假托一个故事"颜回见仲尼",讲游说君王的艰险,提出要匡正暴君,唯心斋以应万物之化。颜回描述了卫国国君的残暴,说他年轻气盛、行为专断;轻率地处理国事,不知道自己的过错;随意用兵,不顾百姓的死活。因此,他打算去卫国帮助其改善政治,提出了"端而虚,勉而一"、"内直而外曲,成而上比"的参政方式,却被孔子一一驳倒。

庄子设法让我们在"心斋"这个层次中,让自己的心由虚到静到明。庄子假孔子之口说,当你的心完全虚静下来时,你就摆脱了好名争利的束缚;你尽管生活在这个人世间,再没有沉重的包袱。比如面对卫君,他听得进去,你就说;听不进去,你就不说;即必须摒除杂念,专心致志,不用耳去听而用心去领悟,不用心去领悟而用凝寂虚无的意境去感应!耳的功用只在于聆听,心的功用只在于跟外界事物交合,凝寂虚无的意境才是纯净空明而能应对宇宙万物的。只有"道"才能汇集纯净空明的心境。纯净空明的心境就叫做"心斋"。简言之,就是要把一切看得无所谓,能够进入追名逐利的环境中遨游却不为名利地位所动,别人能够接受你的意见你就讲,不能接受就不讲,做到心无杂念。

"心斋"与"坐忘"相通,其核心在于"虚","即此虚字,便是心斋",即达到一种忘我忘物的"空明的心境"。以虚静空明的心境观照山川万物,方能感悟山川万物之性灵。摒除杂念、排除干扰、凝神静虑,进入虚静空明的状态,方能与道相融通,达到最佳境界。这"心斋"就是指一种空明澄澈的审美心境,只有在这种心境下,才可以明察,才可以使自己的意志处于绝对的自由,才能够排除外物、内情的困扰,只有这样,才能使自己从现实走入梦境,才能上升到"物我同一"的境界。

然而,试问现世当中有几个人能真正拥有庄子所说的那种纯净空明的心境?人总是处于一定的社会关系中,人的思想和行为难免会受到外界客观事物的影响。从这个角度来看,我觉得庄子的"心斋"法实际上是要求人们站在一个完全超脱于世俗的境界,以旁观者的角度来看待世俗世界中的各种事与物,它并不实用。

"心斋"较"以明"升进一层,它更注重内在的修养和精神的提升,更注重心理空间的自由扩展和空明虚静。庄子认为,强暴和贪婪满目皆是,前者危胁人的生命,后者蛊惑人的心灵,人若陷身其中不能自拔,不仅有丧生的可能,而且会为外物役使而失却本性。只有躲开尘嚣,凝神一志,反视内省,对外在世界不用耳听而用心去体会,不用心体会而用气去感应,才能使心境空明洞达,进入虚静。所以,"唯道集虚,虚者,心斋也"。其实,"心斋"就是保持一种空明的心,不要判断,不要区别,并不是什么深奥的哲理。

一位刚刚出家的僧人问赵州禅师:"我刚刚进庙,请您多多指教,看看我应该做些什么?"

赵州问他:"吃粥了吗?"

僧人回答:"吃了。"

赵州吩咐:"洗碗去吧!"

这位僧人顿时大悟。

还有一次,也是新来的僧人向赵州请教。

赵州问:"来过这里吗?"

答:"没来过。"

赵州吩咐:"既然没来过,喝茶去吧!"

另一位过来请教。

赵州又问:"来过这里吗?"

答:"来过了。"

赵州同样吩咐:"既然来过,喝茶去吧!"

寺院的主管听了很纳闷,就问赵州:"怎么来过的您让他去喝茶,没来过的您也让他去喝茶?"

赵州立刻招呼:"主管!"

主管回应:"在!"

僧人们本来热切地想从赵州这样的高僧那里得到深奥的佛理,但是在禅宗看来,越是复杂离奇就离佛理越远,佛的本事就在于复杂问题简单化,于是赵州才用最简单的回答来启发他们。

吃饭、睡觉、喝粥、洗碗、喝茶,这不是最平常、最简单的日常生活吗?然而悟道,就在这平常简单的日常生活中。装腔作势,故弄玄虚,耸人听闻,标新立异,玩深沉,作秀,这些都违反觉悟。

有一次,白居易曾问山远禅师:"请问禅师,该如何说法呢?"

禅师说:"无上菩提者,被于身律,说于口为法,行于心为禅,本质是一样的。譬如江河湖海,名称虽然不一,水性却无二致。律即是法,法不离禅,为什么要起妄念来加以分别呢?"

白居易又问:"既无分别,那又何以修心?"

禅师认真地回答:"心本来无损,为什么还要说修?不论好的念头还是不好的念头,都要一念勿起才对。"

白居易听了十分不解,问:"不好的念头当然不应该有,好的念头为什么也不要起?"

山远禅师微微一笑,说:"这好比人的眼睛,里面容不得沙子,同样也容不得金属。"

《楞严经》说:"诸法所生,唯心所现,一切因果,世界微尘,因心成体。"所有的物质都是因心成体,也就是"万法唯心造"。想修炼内心,首先要让心得到净化。安顿自己的心灵,让内心宁静安适,不要有杂念。正如禅师所说,眼睛里容不得沙子,也容不得金属。所谓"空杯心态",方能始终清澈如一。《坛经》中慧能禅师一语道破"风动"与"幡动"的本质皆为"心动"。内心空明,不被外界所扰,这是坐禅者应该达到的基本境界,也是人们行事处世的快乐之本。

佛眼禅师曾做过一首名为《无题》的诗偈,正好诠释了慧能禅师的意思——

春有百花秋有月,夏有凉风冬有雪。

若无闲事挂心头,便是人间好时节。

此偈的首两句描写大自然的景致:春花秋月,夏风冬雪,皆是人间胜景,令人赏心悦目,心旷神怡。然而禅师将话锋一转又说,世间偏偏有人不能欣赏当下拥有的美好,而是怨春悲秋,厌夏畏冬,或者是在夏天里渴望冬日的白雪,而在冬日里又向往夏天的艳阳,永无顺心遂意的时候。这是因为总有"闲事挂心头",纠缠于琐碎的尘事,从而迷失了自我。"诸法所生,唯心所现,一切因果,世界微尘,因心成体"。所有的物质都是因心成体，也就是"万法唯心造"。只要放下一切，欣赏四季独具的情趣和韵味，用敏锐的心去感悟体会，不让烦恼和成见梗住心头，便随时随地可以体悟到"人间好时节"的佳境禅趣。

"弱其志，实其复。强其骨，虚其心"是老子之虚极静笃的"虚其心"，是"心识"的本体。心识是中华文化的人性和人格的所在，知识和智慧之真我的展现。庄子的"虚"和佛禅的"空"的范畴，在"心识"和"心境"上有着共同和共通的思维意识。庄子鹏鲲的境界和蜩鸠的境界，比喻为圣人和凡人的不同境界，井蛙和夏虫有着时空的局限。庄子的境界论和佛学的境界般若有着共同和共通的智慧。大乘禅宗佛学之万法性空是"空境"的空。"空境"是指心的一种超然于万物的境界；般若空宗的心量广大虚空，能含日月星辰，大地山河。诸法无我的"不生不灭，生佛不二"的空宗的认识观，即这个生命的物质世界，没有宇宙的主宰者，也没有生命的主宰者，人与佛本来便是一体的。这"空识"和"空境"的如来心法，就是《金刚般若波罗密心经》所持"善护念"和"善知识"的自性清净心。人只要有清净之心，就能持护念向佛而有佛心和佛性。

禅宗有一个苏东坡与佛印的公案。

有一天，苏东坡到佛印那里去，他问佛印："你看我像什么？"

佛印看了看苏东坡，回答说："像个佛。"

苏东坡笑着问佛印："那你说你在我眼中，看起来像什么？"

佛印问他："像什么？"

苏东坡回答说："看起来像堆牛粪！"

佛印笑而不答。

苏东坡以为占了便宜，很高兴地回到家中，告诉苏小妹说：

"今天我终于赢了佛印。"他把事情的经过告诉了苏小妹。聪明的苏小妹听完哥哥的话后说:"哥哥,你还是输了。佛印因为心中有佛,所以他才看你像个佛呀!"

苏东坡一下领悟过来,一时无语。

在这个公案里,苏东坡是用凡夫心来看佛印,而佛印看苏东坡,则是用的一颗空明的佛心。在佛的眼里,人人都是佛,所以苏东坡输了,输得心服口服。空明的佛心,是本来自性的觉悟,也是一个人内心深处最原始的单纯。它无处不在,就在于你能否正确地认识,只要真正认识到了,它带给我们的就是无量的快乐。

心无挂碍

【原文】

"言者,风波也;行者,实丧也。夫风波易以动,实丧易以危。故忿设无由,巧言偏辞。兽死不择音,气息茀然,于是并生心厉。剋核大至,则必有不肖之心应之,而不知其然也。苟为不知其然也,孰知其所终!故法言曰:'无迁令,无劝成,过度益也。迁令劝成殆事,美成在久,恶成不及改,可不慎与!且夫乘物以游心,托不得已以养中,至矣。何作为报也!莫若为致命,此其难者!"

【翻译】

"语言就像风波;传达语言,有得有失。风波容易兴作,得失之间容易发生危难。所以忿怒的发作没有别的原因,就是由于花言巧语偏辞失当。困兽要死的时候就尖声乱叫，呼吸急促，于是产生了噬人的恶念。凡事逼迫太过分时，别人就会兴起恶念来报复他，而他自己还不知道为什么缘故。如果自己都还不知道怎么回事，谁能知道他会遭到什么结果呢！所以古语说：'不要改变所受的使命，不要强求事情的成功。过度就是"溢"了。'改变成命强求事成都会败事，成就一件好事需要很久的时间，做成一件坏事就后悔不及了。这可以不谨慎吗？

顺着事物的自然而悠游自适，寄托于不得已而蓄养心中的精气，这就是最好的了，何必作意去完成国君的使命呢！不如顺乎自然的分际，这是很困难的。"

叶公子高使齐的故事，则寓寄着已经跻身人间世并出人头地的人的困境及内心焦虑。这段故事里，叶公子陷入为难、恐惧和焦虑的"人道之患"和"阴阳之患"里。这里，庄子借着孔子之口，阐述了其"游世"的主张。孔子告诉叶公子高说，天下有大戒二，作为人臣、人子，"固有所不得已"，这是必须正视的现实，"无所逃于天地之间"。因此，正确的态度是"哀乐不易施乎前，知其不可奈何而安之若命"，"行事之情而忘其身，何暇至于悦生而恶死！"

庄子假孔子之口从两个方面做了回答：一是如何对待不可逃避的命运和义务；一是如何处理事关国家和个人性命的使者事务。关键是"自事其心"，内心做到安之若命，不悲不喜，无所挂碍。既然是君所授命，那就坦然出使齐国，把生死交付天命就是了，又何必想得太多？这里孔子话中的意思是，事情既然来了，就不要考虑太多，不要顾虑个人的安危得失。这是一种对待命运的态度。

庄子提了一个问题值得我们深思,一个本该恬淡寡欲的人,却陷入了痛苦的生命折磨里。既然如此,我们为什么就不深入思考一下而非要让自己陷入荆棘遍地的困境呢?一般人的生命,根本就不属于自己,完全随着环境在团团转,为了别人的错误而自我折磨。运用眼、耳、鼻、舌、身、意所求来的快乐,通通都是暂时性的。好比看一场电影、听一场演奏,场散,曲终,终有结束的时候,而人们总妄想在片段中抓住永恒,奈何依然做不到。

　　庄子认为,遇上的世事既然不能掌握,不如随遇而安,这样就是这样,不做强求争取,一切依乎天理,多余的反抗天理是一种伤害自己的举动。庄子认为,我们应顺着"固然",用自己的直觉和经验行事,顺着情势而行,调整自己,才能在烦扰的世事中轻松地游走。若事事与人相争,就有如用刀砍骨头一般,伤人伤己,两败俱伤,是最不明智之举。按照禅宗的观点,我们应当了解、找回自己内心的宁静,念念观照,一切皆是无常。这样,遇到任何逆境,就自然放得下,而能解脱自在,远离烦恼,这样才是懂得享受生命的人。

　　庄子在《天地》篇里讲道:"有机械者必有机事,有机事者必有机心。机心存于胸中则纯白不备;纯白不备,则神生不定;神生不定者,道之所不载也。吾非不知,羞而不为也。"庄子认为机事会生出机心,机心会扰乱心神,神乱则人乱。心不挂事,便能得清净,心有所贪,便被事所牵。置机械而不用,就是实践返璞归真的道路。"忘乎物,忘乎天,其名为忘己。忘己之人,是之谓入于天。"(庄子·天地篇)庄子主张忘却人我,去掉分别念头,万物便可以混而归一,这样的人就不会有什么烦恼与痛苦。

在中国文人的心目中，庄子的哲学是最贴合他们内心深处隐微的部分的。它在儒家的规矩严整与佛家的禁欲严峻之间，为中国的知识分子提供了一块可以自由呼吸的空间。它是率性的，是顺应自然的，是反对人为束缚的。我国古代文人对退隐生活总是情有独钟，因为他们了解，恬淡实在是人生的另一胜境，只有真正有智慧有胸襟的人才能享得。阮籍、陶渊明、李白、曹雪芹等，都是这样的智者。

现代人拼命工作、拼命赚钱的过程中，却迷失了自己。投入生活，就会受到来自于诸多方面烦恼的干扰，常常令我们身心疲惫、痛苦不堪，然而心病还需心药医，只有我们从内心摆脱这些烦恼的束缚，将它们全部抛开，才能让心灵得到真正的轻松。

《心经》上说："依般若波罗蜜多故，心无挂碍。无挂碍故，无有恐怖。"在大千世界中，我们面对无数的虚境，总会生出无数的妄念，所谓的心对境起念，便会生贪嗔痴，便会心有挂碍。心有挂碍便会产生无尽的烦恼，所以，"心有挂碍"是烦恼的根源之一。断除烦恼之一的途径便是做到"心无挂碍"。当然，如果总是想着要"心无挂碍"，其实已经是"心有挂碍"了，已经是有所"贪"了。

人不能掌控的事情太多了，因为无法预料因缘与因果间的变化，因此，该如何让自己"心无挂碍"呢？我们做事当然要尽心尽力，全力以赴，可是能不能建成要看因缘，要快快乐乐、欢欢喜喜地面对结果，这是"心无挂碍"。但是，如果因缘许可我们做，当我们努力的时候，许多因缘也会自动聚集过来，这时候要不要放弃？当然绝对不放弃，这也是"心无挂碍"。

一个人，无论他是什么地位，过哪一种阶层的生活，只要他的内心非常安详,就可以过得幸福。而一个拥有很多物质享受,但却不了解宇宙真理,内心纷乱的人,生活对他而言,反而是一种惩罚。拥有的愈多,他的痛苦也愈多。因此,幸福从何而来?要从内心的安详而来。

婆娑人间是一片苦海,无论如何都难逃生存的重压,苦求解脱,却终是心有余而力不足。对欲望的追逐中,人们常感觉身心疲惫,却又无法停下走向这个无底洞的脚步,正所谓"知味浓,不求忙而忙自至"。但忙来忙去,多的是更大的贪念和对心灵的负罪,少的是人生的真滋味。然而,这世间又有几人可以心无挂碍?所以虽经苦修,却依然难成正果。因此,我们不必强求真实的解脱,只需将心放平和一点,不要太过狂躁、贪恋、执著,就会活得比原来真实、快乐。

外化内独

【原文】

颜阖将傅卫灵公大子,而问于蘧伯玉曰:"有人于此,其德天杀。与之为无方,则危吾国;与之为有方,则危吾身。其知适足以知人之过,而不知其所以过。若然者,吾奈之何?"

蘧伯玉曰:"善哉问乎!戒之慎之,正女身也哉!形莫若就,心莫若和。虽然,之二者有患。就不欲入,和不欲出。形就而入,且为颠为灭,为崩为蹶。心和而出,且为声为名,为妖为孽。彼且为婴儿,亦与之为婴儿;彼且为无町畦,亦与之为无町畦;彼且为无崖,亦与之为无崖。达之,入于无疵。"

【翻译】

颜阖被请去做卫灵公太子的师傅,他去请教蘧伯玉说:"现在有一个人,天性残酷,如果放纵他,就会危害我们的国家;如果用法度来规谏他,就会危及自身。他的聪明足以知道别人的过错,但不知道自己为什么会犯过错。遇到这种情形,我怎么办呢?"

蘧伯玉说:"你问得很好,要小心谨慎,首先你要立得稳。外貌不如表现亲近之态,内心存着诱导之意。虽然这样,这两者仍有累患。亲附他不要太过分,诱导他不要太显露。外貌亲附太深,就要颠败毁灭;内心诱导太显露,他以为你为了争声名,就会招致灾祸。他如果像婴孩那样烂漫,你也姑且随着他像婴孩那样烂漫;他如果没有界限,那么你也姑且随着他那样不分界限;他如果不拘束,那么你也姑且随着他那样不拘束。这样引导他,入于无过失的正途上。"

这个故事是"颜阖将傅卫灵公大子",讲为帝王师的艰险,提出伴君如伴虎,应与之为婴儿。颜阖的困境来自于政治责任与保全生命的矛盾。作为太子傅,面对的不是一般的弟子,而是一位天性残暴嗜好杀人,且注定未来要掌握国家命运和生杀予夺绝对权力的"储君"。况且太子的心智恰好能够挑剔别人的过错,却不知道自己的过错。这就陷入了矛盾:不履行太子傅的责任则误国;履行责任,严加管教,则会危及身家性命。颜阖进退两难,于是问卫国的贤人蘧伯玉。蘧伯玉先是说要小心谨慎,学会外表迁就,内心和顺。仅此还不够,还要把握迁就和顺的火候,做到"就不欲入,和不欲出"。如果一味地迁就,那就等同于同流合污;如果一味表现自己的和顺,那就意味着用自己的和顺显摆太子的恶性,结果就可想而知,只能是颠灭崩蹶，为妖为孽。掌握了这个分寸，就可以与之逶迤周旋了。

庄子通过"颜阖将傅"这个寓言故事，比喻入世之难。体道者入世，正如"颜阖傅卫"，因为人间世的声色名利存亡得失，对于欲"乘物以游心，托不得已以养中"之修道者来说，正如卫太子一样危险。但是，生活于现实之中，当如何处理呢，这就是和光同尘之道：戒之、慎之、顺之、达之，这样才能不为物累，逍遥自适。庄子倡导游世，游世乃是一种既顺应这个社会，又不丧失自我追求的处世态度，用庄子的话来说就是"顺人而不失己"，"外化而内不化"。"在世"而非"入世"，"远世"而非"避世"的"游世"之道，成就了庄子在乱世之中独特的生命智慧。

或许有人认为，庄子这一处世之道表面上要顺从迁就又不能过，内心要存有疏导之意又不能过于外露，我想这样的准则世俗之人实在难以把握。其实，外化内独是一种极高的境界。外化内独，即是表面随顺，内心有所坚持，实则"心不动"。庄子所说的"吾丧我"，这里丧失的"我"，是偏执的我、违反了天道的我。这个"我"是一切冲突甚至罪恶的根源。因为有了"我"就有了你，有了他，有了分别，人人都为"我"，争执、私欲就产生了，整日患得患失，如何安宁呢？

鲍鹏山先生曾以"庄子：在我们无路可走的时候"为标题解释庄子，似乎庄子是一种极端环境里的精神安慰剂。其实，这是对于庄子的误解，是一种世俗化的功利态度。庄子并非"无路可走"，而是用一种智慧思考人与自我、他人和世界的关系。庄子生活在一个乱世，所谓"福轻乎羽，莫知之载；祸重于地，莫知之避"。残酷的现实让庄子深深思考：怎样才能消解人生苦痛？什么样的社会才是理想的？

马祖禅师和百丈禅师是禅门两大名禅师。

一天,马祖禅师和百丈禅师在散步,忽见一群野鸭子飞过去。

马祖问道:"那是什么?"

百丈禅师不假思索地回答道:"是一群野鸭子!"

马祖禅师问:"飞到哪里去了?"

百丈禅师答:"飞过去了!"

马祖用力捏了一下百丈的鼻子,百丈痛得大叫!马祖便指着百丈的鼻子问:"不是在这里吗?你怎可说飞过去了?"

百丈听后,廓然大悟!但他一句话也不说,却回到房里痛哭。禅友问他为什么要哭?他照实告诉大家说马祖老师捏痛了他的鼻子。

禅友们不解地问道:"是你做错了什么事情吗?"

百丈禅师回答道:"你们可以去问问老师!"

禅友们问马祖大师,马祖说百丈自己知道。禅友们再回头来问百丈,百丈却哈哈大笑。禅友们又不解地问他为什么以前哭,现在又笑呢?

百丈禅师回答道:"我就是以前哭,现在笑!"

大家被弄得不知所以。

飞过去的是鸭子,但飞不过去的却是当下一颗清净无染的禅心。只有永葆这样一颗心,才能笑看世间万物,轻松愉快地去享受生活中无穷的乐趣。《六祖坛经》(也作《坛经》)中也有类似的故事:

六祖慧能大师从五祖弘忍门下得到传承之后,到了广州法性寺,见到两位和尚对着寺前的旗子在争论。一个和尚说:"你看旗子在动。"另一个说:"是风在动。"慧能说:"你们两个都错了,既不是风在动,也不是幡在动,是你们的心在动。"两个和尚被点破,非常拜服。

慧能已经开悟,和一般人有不同的看法。一般人是从外境的现象着眼,透过主观形成因人而异的判断。外在的环境如果没有主观的人去观察它、体验它,它是毫无意义的。一旦通过人的观察、体验和认识,就失去了客观事实的标准。因为每个人内心的反应都会因时、因地、因他自己内心的情况而有所不同,所以两个和尚看到幡在动就会有两种不同的想法。这两种想法都是错的,最正确的答案是他们两人的心在动。

慧能后来又作一偈:"菩提本无树,明镜亦非台,本来无一物,何处惹尘埃"。五祖知道他已悟本性,于是付法传衣,定他为六祖。神秀"时时勤拂拭,勿使惹尘埃"的错误就在于把佛性当作一个实在之物去追求,而不明白一切(佛我、心色、生死、荣辱)都自在心中,不滞于外物,不固求"悟道",这也是所谓的"无所住心"。《坛经》里讲悟需要的是认识本性,即自性。自性清净,不识是迷,能识即悟,要达到能识须用般若。总之自性清净的心是根本,它能生万法,能孕万物,能化迷为悟,是成佛的基本所在。禅悟是主观的,所谓即心是佛,这直接影响到禅的自然观的形成。

《庄子·知北游》篇:"仲尼曰:'古之人,外化而内不化;今之人,内化而外不化。'"这里的"化"就是"变化",而这种变化不是自然的变化,是对事物的一种反应。"内化"就是改变内在的自然本性,如追慕权贵、曲意逢迎等,"内不化"反之,是保持内心的本真;而对外物的顺应叫"外化",反之则为"外不化"。庄子主张的是什么呢?是"外化内不化",就是顺应外物而保持本性。

曾经有这么一位禅师,在悟道之前做了很多有罪过的事情,一直想弥补这些罪过。于是,他悟得真谛后,不居住在寺院反而回到俗世的生活中,过着俗世的生活。只是,他每过不久就会回到他的寺院——匡救寺讲法弘道。就这样,他在俗世和寺院的生活之间来回地替换着。

他在寺院的讲法非常精彩,吸引了很多人,甚至同城另一个寺庙的弟子都跑来听,引来了那个寺庙住持的嫉恨。那住持怒气冲冲地去找当地的县官,诬蔑禅师道:"匡救寺的禅师在蛊惑邪说,以非法来谈佛法,听说要造反了。这真是佛门不幸!希望官府维持佛门清净。"

有人知道了,赶紧通报他。但是,他怡然自得地说:"没事的!他怎么说由他,我自己心中最是清明,即使死了也没什么,可悲的是专务外求的众生呀!"

在俗世生活时,他会出入歌妓酒场,交一些江湖人物,过着一种放浪形骸的生活。这自然也招来一片议论之声。有一天,有人过来问他:"大师,你这样子还是佛门弟子吗?你何苦这样地糟踏自己呢?"

他听了,哈哈大笑,然后,神色自若地答道:"我自调心,关你何事?"

这位禅师表面变化,内心有所坚持,这与庄子其实相通。庄子的人生价值观,是外化内不化,这是什么意思呢?内不化就是不要受变化万千的外部世界的影响,而在我们的内心有所坚持,否则,我们将会被纷繁复杂的社会所左右,而丧失了自我。那么何为外化呢?外化就是对于外在的社会环境要通达顺应,否则,将无法在社会中安身立命,而要真正做到内心坚持与外在顺应,则必须有一个安定的内心。

无用之用

【原文】

　　山木自寇也，膏火自煎也。桂可食，故伐之；漆可用，故割之。人皆知有用之用，而莫知无用之用也。

【翻译】

　　山木自招砍伐，膏火自招煎熬。桂树因为可以食用，所以就遭砍伐；漆树因为可以用，所以就遭刀割。世人都知道有用的用处，而不知道无用的用处。

　　这部分表达"无用"之为有用，用树木不成材却终享天年，避免了许多灾祸来比喻说明。类似的故事还有，讲一个名叫石的木匠，在往齐国的途中看见一棵被当作神社树的大栎树，却因为那是棵毫无用处的树而不住脚地往前走。同样，南伯子綦在商丘一带游乐时，也看见了一棵因为毫无用处而长得出奇大的树。这两棵出奇的大树正是因为无用才有机会充分成长，享尽天年。

　　身在当时的社会，要心灵自由，前提是自我保全，庄子认为最有效的办法就是"无用"。"无用"在特定的环境下成就了保命的"大用"。既然"人间世"如此险恶、多变、无情、困窘，不如早些退出。不材、无用不同于平庸、无能，那是经历了汲汲用于世的迷茫、身在局中的煎熬、种种酸楚苦涩之后无奈的选择。

　　《庄子·山木》篇中记载了同样的故事，在这则寓言中，不材之木因无用得终其天年,相反,不能鸣叫的大雁却因无用而丢掉了性命。可见,无论有用和无用都可能给人带来麻烦和灾祸,那么,处在有用和无用(材与不材)之间又会怎么样呢?庄子认为似之而非,同样会造成他人的误解和错判,导致意外灾祸的降临。面对这种情况,庄子又会如何选择呢?在他看来,有道德的人不会为有用和无用所束缚,而是遨游于宇宙之本源,与万物辗转浮沉,各安其道。他们不以自我为中心裁度是非,不为外物所役使,也就不会被外在世界所拖累。

当代人或许会说,生的价值更在于能够为他人的幸福、为社会的进步尽自己的一份力量,哪怕会因此而丧命,也算死得其所,不枉此生。如果仅仅为了保全自己的性命而选择逃避,在世上苟且偷生,那是缺乏勇气的表现,那样活着如同行尸走肉,价值何在?在庄子看来,其生的价值就是保全自己的性命,使自己能够超脱于世俗的一切,平平淡淡地过完自己的一生,这并非完全以自我为中心。在庄子的内心深处,他何曾不想救世呢?然而,当生存与救世冲突,庄子也只能无奈地选择生存。现在,有一种不好的态度,一提庄子,就有人会说消极,消极就一定不好,积极一定就好?我们对于古人的看法总是缺乏通透的理解。

归省禅师担任住持期间,由于天旱,很少有人能拿粮食来养活这些僧人,僧人们只能每天喝粥吃野菜,个个面黄肌瘦。

有一日,住持外出化缘,法远就召集大家取出柜里储藏的面做起粥来。粥还没做好,归省禅师就回来了,小师弟们一下就消失得无影无踪。归省禅师看到法远居然把应急用的面都用了,生气地说:"谁让你这么做的?"

法远毫无惧色地说:"弟子觉得大家面如枯槁,无精打采,于是就把应急用的面拿出来煮,请师父原谅。"

归省严厉地说:"依清规打三十大板,驱逐出寺!"

法远默默地离开了寺院,但他没有下山,而是在院外的走廊觅了个角落栖息下来。无论刮风下雨,都不曾动摇他向佛的决心。

归省禅师有一次偶然看见他在寺院的角落睡觉,十分吃惊地问道:

"你住这里多久了?"

"已半年多了!"

"给房钱了吗?"

"没有。"

"没给房钱你怎么敢住这里?你要住,就去交钱!"

法远默默地托着钵走向市集,开始为人诵经、化缘,赚来的钱全部用来交房钱。

归省禅师笑着对大众宣示:"法远乃肉身佛也!"

后来法远继承了归省禅师的衣钵,将佛学发扬光大。

归省禅师表面追求"无用",实则"大用"。的确,能够去做别人所不愿意去做的事情本身就非常不容易了,不仅需要巨大的勇气,更需要我们踏踏实实地去做别人不愿意做的,别人没有做过的,别人做不到的。往往是别人越不愿意去做的事中越是蕴涵着无限的机会,正是因为别人不愿意去做,因此机会才会为愿意做的人所把握。

那些一心想着"大用"的人,不知道"大用"所承担的责任,只看到表面的风光。

一个名人自从出名后,觉得一天到晚都很累,便去请教一位有名的哲人,寻求解脱之法。

哲人得知名人的来意后,带着名人来到一处山林中,尔后他俩来到山林的顶峰。

哲人指着山下的树木问道:"你刚才看见那些小树与那些参天大树了吗?"

名人回答道:"看见了。"

哲人问道:"小树与大树哪个负担重?"

名人回答道:"大树比小树负担重。"

哲人问道:"小树与大树哪个风光些?"

名人回答道:"大树比小树风光。"

哲人问道:"你是愿意做一棵默默无闻的小树,还是做一棵风光无限的参天大树呢?"

名人回答道:"我当然愿意做一棵风光无限的参天大树。"

哲人问道:"那么你又何必解脱呢?"

名人恍然大悟道:"看来,承担更多的责任,才能得到更多的美好呀!"

做名人,自然要承受名之累赘!

世上本无事,庸人自扰之。生活中,很多人往往会自寻烦恼,其实,做好自己就很不错了。平常心处世,屙屎送尿,着衣吃饭,困来即卧。用"平常心"是泯除了一切对待事物观念差别的心,立身处世,快乐生活。

人生在世,都渴望"有用",承担社会责任,自然有其道理,但是,社会群体的政治生活在多数时代,尤其是在中国古代,由于其专制、强迫和不平等的性质,往往在某些政治混乱时期成为社会和人生苦难的根源。在这个时期,出众的人才,特别是政治人才,却经常因为他的出众才能被乱世权力所摧残,出众的才能反而成为他们"苦其生"、"自掊击于世俗"从而"不终其天年而中道夭"的原因。因此庄子主张有出众才能的人可以通过掩饰自己的才能、假装自己是一个平庸无能的普通人的方法保护自己免受社会权力的危害,从而达到存身于乱世的目的。

庄子从"形莫若就,心莫若和"的人生境界和处世方法出发提出的一种新的隐居方式,从而把隐居方式从以前的避人、避地、避世的"形隐"发展为"心隐",即可以在任何社会环境下过一种精神隐居的生活,而"无用之用"则是这种精神隐居的一个特殊的表现方式。庄子《山木》中说:"山木,自寇也;膏火,自煎也。桂可食,故伐之;漆可用,故割之。人皆知有用之用,而莫知无用之用也。""无用之用"是在乱世保护自己免受世界伤害的处世方法。正如事物常常由于自己的价值给自己招来致命的伤害,人们也常常由于自己的才能给自己带来一生的厄运。为了避免由于才能给自己带来的危害,人们应当掩盖自己的才能,隐蔽自己的价值,以庸碌无为的假面目混迹于人世间,不愿闻达于诸侯,但求无用以终身,无所可用反而具有存身远害的作用。

老子说首先要"知其雄,守其雌"。做人处世知道自己刚强,就应该韬光养晦,隐蔽自己的锋芒,甘居柔顺,示人以弱,"处众人之所恶",宁做低洼之溪涧,不做长白山之天池。一个人有了大海般的涵养,就能与"道"合一,凝聚自然之德,聚敛淳朴之气,回到无知无欲的婴儿状态。推及于人事,一个人如果很有能力,但天时、地利、人和都不具备时,最好不要锋芒毕露,应该隐忍不发。与人相处时要谦虚退让,不与人争功,不与人争利,严以律己,宽以待人,在韬光养晦中夯实自己的群众基础,赢得更多的口碑,假以时日,就能像天下之溪涧不断汇积涓涓细流，成为深不可测的大海。

活在当下

【原文】

孔子适楚，楚狂接舆游其门曰："凤兮凤兮，何如德之衰也！来世不可待，往世不可追也。天下有道，圣人成焉；天下无道，圣人生焉。方今之时，仅免刑焉。福轻乎羽，莫之知载；祸重乎地，莫之知避。已乎已乎。临人以德！殆乎殆乎，画地而趋！迷阳迷阳，无伤吾行！吾行郤曲，无伤吾足。"

【翻译】

孔子到楚国，楚国狂人接舆走过孔子门前唱着：
"凤啊！凤啊！你的德行为什么衰败！
来世是不可期待的，往世是不可追回的。
天下有道，圣人可以成就大业；
天下无道，圣人只能保全生命。
今天这个时代，只求避免遭受刑害。
幸福比羽毛还要轻，却不知道摘取，
灾祸比大地还要重，却不知道回避。
罢了！罢了！在人的面前用德来炫耀自己，
危险啊！危险啊！择地而逃。
荆棘啊！荆棘啊！不要挡住自己的行径，
转个弯儿走，转个弯儿走，不要刺伤了自己的脚啊！"

禅释庄子

庄子借楚国狂人的歌声表达了随乎时世的处世态度，这是一种绝望的哀呼。在一个缺乏正义的世界，乱世之人的幸福比羽毛还轻。其中，"来世不可待，往世不可追"的观念十分值得我们现代人去思考。人生就是这样，逝去的就再也回不了头，我们不该沉溺其中，在回忆与怀念中虚度时光；至于未来的遥不可及，贪求于未来是一种不切实际的幻想。我们能把握的只有当下，只有脚踏实地过好此时此刻，用心地活于现在才是最真实的。在这种弱肉强食、朝不保夕的社会中，人们普遍没有道德感，人性善的一面被隐蔽了，仁义道德不能行于世。庄子内心十分清楚这种现实，所以感到非常无奈。他并不是要刻意回避对世界的责任，而只是觉得这非他所能关怀，于是安顿自我的生命作为他的核心思想。

王博先生在《无奈与逍遥》一书中这样提到庄子："说到心情，庄子的心情可以说是始于无奈而终于逍遥，但终于还是没有摆脱开无奈。看不到无奈是肤浅的，而看不到逍遥是庸俗的。只看到无奈的人是沉重的，只看到逍遥的人是没心没肺的。正是在无奈和逍遥之间，在不得已和自在之间，生活的真相才向我们呈现，庄子哲学才体现出它的厚重和深刻。

"庄子是复杂的，他的心灵世界中有着无数的丘壑，父子之亲，君臣之义，功名利禄之网，是非善恶之结，世态炎凉，人情冷暖，该把它们如何地安顿或者打破呢？庄子又是简单的，所有的沟壑都被抹平，归于虚者心斋，归于无何有之乡，广漠之野。这种复杂和简单不只是庄子个人，也是他人和世界的。唯其如此，庄子哲学才不是个人的，而是中国和世界的。"

心斋类似心灵的隐退——这是庄子面对世界的态度。心灵的隐退，不同于形体的躲避。把形体藏起来，是容易做到的；

不在地上行走，就比较难。形体不论藏在多么隐蔽的地方，总是在地上。只有心灵的隐，不疾而速，虽静而动，可以不在地上留下任何蛛丝马迹。对于庄子来说，他并不主张避世式的绝迹，重要的在于心灵的隐。你的心沉静了下来，这个世间再喧闹，再拥挤，也是偏远宁静的。有心属于人，无心属于天。

南怀瑾先生说，庄子的哲学其实是"以出世的心做入世的事"。庄子的"出世的心"是为了更好地"做入世的事"。用庄子的话说，就是"道在蝼蚁，道在梯稗，道在瓦甓，道在屎溺"。庄子所主张的"道"普遍存在于一切事物当中，道不离于日常生活。修道不必于日常之事外用功夫，只需于日常生活中无心而为，顺任自然。自然地生活，自然地做事，运水搬柴，着衣吃饭，涤器煮水，煎茶饮茶，道在其中，不修而修。

在大山深处的一个寺庙里，有一个小和尚每天负责早上清扫寺院里的落叶。对于这个差事，他早就厌烦了。

秋天到了，落叶更多了，这让小和尚更加头痛，于是去讨教庙里的师兄弟，希望能找到让自己轻松些的方法。

后来，住持知道了他的烦恼，便主动找他谈话。小和尚很诚实地对住持说了自己的委屈。

住持对他说："明天你在打扫之前先用力摇树，把落叶统统摇下来，后天就可以不用扫落叶了。"

小和尚听了住持的建议之后非常高兴。

第二天一大早，他就开始摇动寺院里的树，一直到所有的树都不会再落下一片叶子为止，然后，他用笤帚仔细地扫了一遍。一整天小和尚都非常开心。晚上，小和尚高兴地想：明天也许就不用这么累了。于是微笑着睡着了。

第二天，小和尚走到院子一看，顿时傻了眼：昨天的功夫全都白费了，院子里如往日一样落叶满地。

这时，住持笑呵呵地向他走来，语重心长地说："傻孩子，你知道我为什么给你出那个主意吗？我的意思就是要让你明白：无论你今天怎么用力，明天的落叶还是会飘下来。"

小和尚听完住持的话后终于顿悟。

活在当下的真正含义来自禅，禅师知道什么是活在当下。有人问一个禅师，什么是活在当下？禅师回答，吃饭就是吃饭，睡觉就是睡觉，这就叫活在当下。是的，最重要的事情就是现在你做的事情，最重要的人就是现在和你一起做事情的人，最重要的时间就是现在。"活在当下"就是要你把关注的焦点集中在当下这些人、事、物上面，全心全意地去接纳、品味、投入和体验这一切。

一样的人生，一样的生活环境，若能把因禅修而得来的定境运用在日常生活中，活在当下，"行亦禅，坐亦禅，语默动静体安然"，则行住坐卧、劈柴担水、击鼓高歌都具有禅味，最后自然会达到"平常心是道"的境界。

庄子无法离开他的人间世而寻求自由，我们也一样，大多数普通人，都要面对自己的生活和内心世界。禅宗的《坛经》就这样说："佛法在世间，不离世间觉。离世觅菩提，恰如求兔角。"佛法就在人间，离不开人间的觉悟，如果离开人间的觉悟去寻找佛法，就像在兔子的头上寻找角一样荒唐。

快乐是一种感觉，一个人只有当他自己觉得幸福的时候，那才会真正拥有快乐；相反他自己若不觉得快乐，那么他永远都不会懂得真正的快乐之所在。获得幸福感，知足是一种最为廉价的方式。

只有抛弃贪心和贪欲的人，才会生活得坦然，没有烦恼，没有麻烦，也没有外来的祸事。只有"知足"和"知止"的人，才能立身良久，而这可以免去生活中的许多忧愁和悲伤，让快乐的心情永远占据自己心灵的空间，从而尽享人生的乐趣。知足的人才是真正的富有者。"知足者常乐"曾经是许多人津津乐道的人生哲学。

古代有的人结庐于山间，一亩薄田、一壶清茶、一盘檀香、一张古琴，悠闲自在，自得其乐。陶渊明隐匿南山，悄然逝世；孟浩然厮守农舍，归于田园。在那平凡的鸡鸣犬吠中，在那"把酒话桑麻"的笑谈中，他们拥有了不为外人所知的乐趣。

第二章 《庄子·养生主》——顺应自然之道

养生的关键在于，顺应自然之道——就是处理自己和他人与社会的关系，如何在错综复杂的荆棘丛林中找到存身之地，积极掌控自己的命运，在牢笼中求生存。真正的养生就是把自己融入宇宙大化当中，与死亡连为一体。绝大多数人必须承认自己的局限性，对于不能控制的领域，最明智的做法就是保持沉默。

保全天性

【原文】

　　吾生也有涯，而知也无涯。以有涯随无涯，殆已；已而为知者，殆而已矣！为善无近名，为恶无近刑。缘督以为经，可以保身，可以全生，可以养亲，可以尽年。

【翻译】

　　我们的生命是有限度的，而智识是没有限度的，以有限度的生命去追求没有限度的智识，就会弄得很疲困；既然这样还要去汲汲追求智识，就会弄得更加疲困不堪了！

　　做世俗的人所认为的"善"事不要有求名之心，做世俗的人所认为的"恶"事不要害怕遭到刑戮之害。顺着自然的理路以为常法，就可以保护生命，可以保全天性，可以养护身体，可以享尽天年。

　　要想把所有的知识都学到手，累死也不可能，所以，学习上该有所选择，有所侧重，不能什么都想学，太贪婪往往让自己得不偿失。不能苛求自己穷其所有，要学会合理地安排自己的人生之路。如果什么都想学，什么都想要，就会使自己的才智过早地耗尽。庄子认为，对知识的过度追求实则是对个体生命的戕害，任何有为而思，有为而作都会招致祸患，只有随顺自然，才可以全生！

　　生命的有限和知识的无限形成了一个对比，穷毕生之力去求知的人是危险的，这会把人带进一个不可捉摸的世界。庄子的养生不是一般的用来延年益寿的吹嘘呼吸、吐故纳新等技巧，而主要指养心而非养形，是培养一种重生的态度，它根本的意义就是如何处理自己与他人以及社会的关系，如何在错综复杂的社会环境中找到一个安全的存身之地。这个存身之地并不是真正意义上的空间，而是一种生存态度。

庄子曾提出"意怠"的哲学。"意怠"是一种会鼓动翅膀的鸟，但在别的方面却并没有什么突出本事。这种鸟见别的鸟飞，它也跟着飞；见别的鸟傍晚归巢，它也跟着归巢。队伍前进时它从不争先，后退时也从不落后。吃东西时不抢食、不脱队，因此也很少受到威胁。虽然这种生存方式未免保守，但是，对于智者却不失为一种人生的智慧，这样不炫耀自己，不张扬，不浮夸，明玉韫藏，谦虚不傲，才不会招人嫉妒发生灾祸。

从前有位信佛的夫人，天天手持鲜花到寺院去供拜佛像，坚持不懈，从不间断。

寺院里的风源禅师看在眼里，喜在心间，称赞她道："你常用鲜花供佛，来世一定会得福报。"

这位夫人听了非常高兴，便问风源禅师："大师，我到寺院用鲜花供佛，每次心中如同甘露冲洗般的清净。可是，在家中我又往往被冗杂的家事搅得心神不定，在街市间往往被尘嚣搅得神志不清。请大师启迪，怎样才能使我常保清净呢？"

风源禅师反问她："那么你知道如何使鲜花长期保持鲜活吗？"

"那容易呀！只要天天换水，去掉烂梗，花朵就能保持鲜活了。"

风源禅师满面笑容："那就对了，要让自己常保清净，就要保持心灵的宁静空明；要想净化身心，更要时时清扫内心的世界。"

这位夫人顶礼谢过大师:"大师德高望重,能够让我顿悟,我今后一定常来寺院向大师请教,还想搬到寺院,住上一段时间,过过修行生活,分享寺院里的清净日子。"

风源禅师敛住笑容,对这位夫人说:"你的身体就如同寺院,你的双耳就如同菩提,你跳动的脉搏就如同钟鼓,你的胸腔呼吸就如同梵呗,你的言行举止无处不可以清净。为什么一定要执著于寺院的形式,非要住在寺院修行呢?修行重在修心呀!"

是啊,净化身心与这些外在的东西并没有直接关系,重要的是心里面不被现实的烦恼缠绕,这样,即使身居闹市,心中仍然可以清净。

其实,人的分别心与知识有关。但现代社会的人,往往个性张扬、率意而为,人人都想表现得更聪明一些。尤其是涉世不深的年轻人,心高气傲、年轻气盛,往往一意孤行不能自我反省,也因此最容易出错,至误入歧途、自毁前程。年轻是优势,但是,因为年轻也缺乏生活的经验和阅历。成长是要有代价的,需要成熟的历练,需要在时光的流逝中谦虚内敛,需要向周围的世界学习,如此才不容易犯错。内敛不光是年轻人,也是我们所有普通人都需要的一种品质。在为人处世的各个方面,有了内敛的借鉴和帮助,它可以使我们浮躁的心变得平静,脚踏实地地工作和生活。这并不表示一个人要谨小慎微、唯唯诺诺,而是让人培养一种包容、吸纳和沉稳的气度,在沉静中反思自己,在积累中走向成熟,避开无谓的纷争和意外的伤害,更好地保全自己、发展自己和成就自己。

20世纪30年代云南大学的学生都知道刘文典先生的大名。他保存了庄子式的天性。人们敬佩其学识,也传闻一些令人捧腹的故事。

　　刘文典多年潜心研究庄子,出版了十卷本《庄子补正》。陈寅恪为之作序,推崇备至。曾有人向刘文典提起庄子,他大发感慨,口出狂言道:"古今真懂《庄子》者,两个半人而已。第一个是庄子本人,第二个是我刘文典,余下半个是冯友兰。"狂则狂矣,但那股子傲骨嶙峋的气度,却是今人学不来的。

　　他在西南联合大学中文系当教授的时候,对闻一多、朱自清这些"才子"出身的教授尤其蔑视。当他得知西南联大要提升讲授语体文写作的沈从文为教授时,勃然大怒,说:"陈寅恪才是真正的教授,他该拿四百块钱,我该拿四十块钱,朱自清该拿四块钱,可我不给沈从文四毛钱!他要是教授,那我是什么?"

　　一日,日机空袭,警报响起,联大的教授和学生四下散开躲避。刘文典跑到中途,忽然想起他"十二万分"佩服的陈寅恪身体羸弱且目力衰竭,于是便率几个学生折回来搀扶着陈往城外跑去。他强撑着不让学生扶他,大声叫嚷着:"保存国粹要紧!保存国粹要紧!"让学生们搀着陈寅恪先走。这时,只见他平素蔑视的新文学作家沈从文也在人流中,便顾不得气喘如牛,转身呵斥道:"你跑什么跑?我刘某人是在替庄子跑,我要死了,就没人讲《庄子》了!可是该死的,你干嘛跑啊?"沈从文乍听此言当然又惊讶又气愤,可一看是刘文典,也就懒得反驳了。

　　刘文典先生表面虽"狂",然而不失庄子的慈悲与天性,所以,人们对他言行不生气。

　　在庄子看来,生命无所不在束缚之中,因而人需要去除、摆脱种种人生在世的束缚,从而恢复人本真的真实生命,而有生之路，也就是一种体悟之路。庄子认为，天下本太平，但被一些有欲望的人所统治，天下也因此大乱。做人应顺其自然，应顺其自然本色，而不应去扰乱它。这样，人们才会重归自然本性，归于平静。万事万物，顺其自然最好。这是道家的态度，不像其他的学说，有很多自作聪明的规矩来摧残天性，违背自然。老子《道德经》第二十五章云："人法地，地法天，天法道，道法自然。"道家思想，一贯贴近自然，顺乎自然，悟自然之机，得自然之趣。道家有所谓"天地是大宇宙"，人就是"小宇宙"的说法。对于个人来说，也是顺其自然更好一些。但是尤其是自宋朝以后，程朱理学逐渐兴起以来，对人性的压抑就越来越严酷。程朱理学大讲"存天理，灭人欲"，钳制禁锢人们的思想和行为，正像庄子前面所说的强行驯马的行为一样，压抑了人的天性。

处世有术

【原文】

庖丁为文惠君解牛，手之所触，肩之所倚，足之所履，膝之所踦，砉然向然，奏刀騞然，莫不中音，合于桑林之舞，乃中经首之会。

文惠君曰："善哉！技盖至此乎？"庖丁释刀对曰："臣之所好者道也，进乎技矣。始臣之解牛之时，所见无非全牛者。三年之后，未尝见全牛也。方今之时，臣以神遇而不以目视，官知止而神欲行。依乎天理，批大郤，导大窾，因其固然；技经肯綮之未尝，而况大軱乎！良庖岁更刀，割也；族庖月更刀，折也。今臣之刀十九年矣，所解数千牛矣，而刀刃若新发于硎。彼节者有间，而刀刃者无厚。以无厚入有间，恢恢乎其于游刃必有余地矣，是以十九年而刀刃若新发于硎。虽然，每至于族，吾见其难为，怵然为戒，视为止，行为迟，动刀甚微。謋然已解，如土委地。提刀而立，为之四顾，为之踌躇满志，善刀而藏之。"

文惠君曰："善哉！吾闻庖丁之言，得养生焉。"

【翻译】

庖丁替文惠君宰牛，手所触及的，肩所倚着的，足所踩到的，膝所抵住的，砉然响声，进刀割解发出哗啦响声，无不合于音节，合于《桑林》乐章的舞步，合于《经首》乐章的韵律。

文惠君说："啊！好极了！技术怎能到达这般的地步？"庖丁放下屠刀回答说："我所爱好的是道，已经超过技术了。我开始宰牛的时候，所见不过是浑沌一整只牛。三年以后，就未尝看见整只牛了。到了现在，我只用心神来领会而不用眼睛去观看，器官的作用停止而只是心神在运用。顺着牛身上自然的纹理，劈开筋肉的间隙，导向骨节的空隙，顺着牛的自然结构去用刀，即连经络相连的地方都没有一点妨碍，何况那大骨头呢！好的厨子一年换一把刀，他们是用刀去割筋肉；普通的厨子一个月换一把刀，他们是用刀去砍骨头。现在我这把刀已经用过十九年了，所解的牛有几千头了，可是刀口还是像在磨刀石上新磨的一样锋利。因为牛骨节是有间隙的，而刀刃是没有厚度的；以没有厚度的刀刃切入有间隙的骨节，当然是游刃恢恢而宽大有余了，所以这把刀用了十九年还是像新磨的一样。虽然这样，可是每遇到筋骨盘结的地方，我知道不容易下手，小心谨慎，眼神专注，手脚缓慢，刀子微微一动，牛就哗啦解体了,如同泥土溃散落地一般,牛还不知道自己已经死了呢!这时我提刀站立,张望四方,感到心满意足,把刀子揩干净收藏起来。"文惠君说:"好啊!我听了庖丁这一番话,得着养生的道理了。"

庄子曾讲过一个庖丁解牛的故事,告诉人们,养生的方法莫过于顺任自然。牛的躯体,好比一个纷繁复杂的社会,庖丁就是个善于养生的人。在我们常人眼里冰冷无情的"刀",庄子却用来比喻生命,而养生就像刀入牛体,依照牛的自然筋骨而行,就能自如地对付各种繁难复杂的关系,从而获得生命的主动和自由;反之,则会劳心伤神,疲于应付。庄子认为,善于养生的人处事都遵循自然的轨迹,不刻意而行,不损身伤神,就像庖丁解牛不去碰牛的筋骨盘结处一样,能游刃于是非、善恶的空虚之处。

有僧人问明州的令参禅师:"达到大智慧的境界,却坦然不滞锋芒,这种状态怎么样?"

令参禅师道:"有很多人能够达到那个境界。"

僧人便问:"那究竟是种什么样的境界呢?"

令参禅师答曰:"坦然不滞锋芒!"

处世贵谦,藏起锋芒不惹人妒。中国文化的精髓就是中庸,这不仅仅是来自于儒家思想,老庄思想也是以此为根本的。《老子·第五十六章》上说,和其光,同其尘,挫其锐,解其纷。老子还告诫世人:"不自见,故明;不自是,故彰;不自伐,故有功;不自矜,故长。"这句话的大意是,一个人不自我表现,反而显得与众不同;一个人不自以为是,会超出众人;一个人不自夸,会赢得成功;一个人不自负,会不断进步。相反,老子告诫世人:"自见者不明,自是者不彰,自伐者无功,自夸者不长。"

三国时期的杨修文思敏捷,才华横溢。一次曹操、杨修等一行人来到蔡琰府上,看见墙上挂着一幅碑文图轴,上书:"黄绢幼妇,外孙齑臼。"曹操让随行人员破解其意,别人都答不上来,唯独杨修解释是"绝妙好辞"的意思,令曹操大为惊叹,其他人也开始佩服杨修才识之敏。

杨修为人处事过于浮躁,属于那种不甘寂寞、个性张扬的人。他对人对事口无遮拦,不吐不快,数犯曹操之忌。有一次,曹操在一个盛装酥食的盒子上写了"一合酥"三个字,并将它放在案头。杨修走进来看见了,竟和别人一起将盒子里食物吃掉了。曹操问其缘由,杨修答道:"盒子上写着'一人一口酥',我们岂敢违抗您的命令呢?"明显地带有戏弄曹操的嫌疑。还有一次,很多人都认为曹操在睡梦中误杀了身边的侍卫,然而只有杨修知道曹操多疑的心思并一语道破天机。侍卫下葬时,杨修指着他说:"不是曹丞相在睡梦中,而是你在梦中啊!"其实,想必曹操身边也有人知道曹操因为疑心太重而滥杀无辜,但他们不愿意去捅破那层纸,而杨修呢,举世皆醉我独醒,毫不留情地撕下了曹操的伪装,将其狡诈、残暴的一面赤裸裸地暴露在光天化日之下,怎么不令曹操恼羞成怒呢?后来杨修还掺和了曹丕、曹植的世子之争。曹植与杨修均是当世才子,二人气味相投,惺惺相惜,常常结伴论事,终夜不息。究竟是立曹丕为世子,还是立曹植为世子,曹操一度拿不定主意。可是,杨修却坚定地站在曹植一边,替他出谋划策,帮他打压曹丕,曹操对此十分气愤。后来,曹操终于下定决心,立曹丕为世子,又担心杨修日后添乱,就对杨修开了杀戒。应该说,就个人感情而言，杨修与曹操算得上比较亲近，否则，杨修不会担任曹军的行军主簿一职。但是，在事关曹氏政权能否长期巩固的原则问题上，曹操丝毫不会含糊。可以这样讲，杨修之死，不是因为杨修与曹操父子疏远造成的，而恰恰是由于过于亲近造成的。杨修不懂得"自古伴君如伴虎"的训条，凡事不知道谨言慎行，瞻前顾后，尽耍小聪明，到头来聪明反被聪明误。

爱在人前现能逞强，夸夸其谈，自视清高，争强好胜，言而无德，行而越矩，甚至于藐视自然规律，藐视社会人伦道德，这无疑是在人生路上冒险，也等于白白浪费宝贵的生命。

在现实生活中，人们都是互相牵制，互相搅扰的，庄子则试图化解现实生活中种种干扰，求得身心的极大自由。他为处于混乱社会的人们设计了自处之道，跳出世俗的是非、名利，摆脱人世间各种矛盾纠纷，不入危国暴君之门，不求世俗的成功，这样在人世间就可以游刃有余，逍遥自在。庄子轻视物欲的奔逐，而倾向于精神的自由，并求个人心灵的安宁。

我们总是执著于外界的现象而忽略了自己的内心。禅宗强调心灵的修炼，认为"万物皆由心生"、"心外无物"。

慧能大师在五祖弘忍处得到衣钵，为了避免纷争而来到南海。

有一天，慧能听到周围的人奔走相告，说今天广州法性寺著名的印宗禅师要开讲《涅槃经》，慧能大师于是来到法性寺，听法师讲经。

这一天，寺前因为法师讲经而竖起了五彩的幡旗。

由于印宗禅师远近驰名，因此大批的信众从各地涌到，挤满了法场。

其中有两位和尚见到广场中飘扬的幡旗，其中一个随口说：

"今天风大,幡都吹动起来了。"

同伴反驳道:"不,这不是幡动,而是风动。"

两人各不相让,就此争论不休,周围引来了一大群人驻足围观。

慧能大师赶到这里,听说事情原委,不慌不忙地说:"不是幡动,也不是风动,是你们二位心在动。"

两个和尚一听到慧能大师的话,立刻恍然大悟。

这件事情马上又被传到了印宗禅师耳中。印宗禅师大惊,立刻明白六祖慧能大师的一番话,正是自己要开讲的《涅槃经》的中心思想,于是马上拜慧能为师,并邀请大师升坛说法。

在《坛经》中,慧能禅师曾一语道破"风动"与"幡动"的本质皆为"心动"。内心空明、不被外界所扰,这是坐禅者应该达到的基本境界,也是人们行事处世的快乐之本。

《庄子》中有这么一句话:"直森先伐,甘井先竭。"人们选用木材,一般都先选择挺直的树木,所以挺直的树木一般先被砍伐;人们都喜欢喝甘甜的井水,所以有甘甜水的井一般会先干涸。一些表现突出、才华横溢的人,虽然会被重视,容易被提拔,但也容易遭人暗算,吃大亏而不自知。

《菜根谭》中说:"鹰立如睡,虎行似病。"老鹰站立时双目半睁半闭仿佛在睡态之中,老虎行走慵懒无力好像在病态之中,这实际却正是它们麻痹对手,准备取食的高明手段。张扬自己人生才能灿烂,但过于张扬就变成了张狂,变成了幼稚,有可能让你跌入万丈深渊。自我炫耀,反而有可能得到相反的效果。过分展示自己的才华和智慧,过分招摇过市,有可能只会使自己受损。历史上很多有才能的人往往身怀绝技却深藏不露,因为,他们知道"山外有山,天外有天"的道理。

心的自由

【原文】

泽雉十步一啄,百步一饮,不蕲畜乎樊中。神虽王,不善也。

【翻译】

水泽里的野鸡走十步才能啄到一口食,走百步才饮到一口水,可是它并不祈求被养在笼子里。(养在笼子里)神态虽然旺盛,但并不自在。

看淡功名、看轻富贵、看小世界、追求精神的自由,这是庄子哲学的主旨。庄子视大千世界如一颗藏青果,可见世界在他眼里多么渺小。比如,庄子曾把宰相的职位形容为一只腐臭的老鼠。那时候,庄子去看望担任魏国宰相的惠施。惠施担心他是来争夺相位的,庄子就嘲笑他说:"南方有一种鸟叫凤凰,非梧桐树不落,非竹实不食,非甘泉不饮,它怕不干净的东西污染了自己的身体。有一天,一只鸱鸟叼了一只发臭的死耗子,看见凤凰从天上飞过,以为要来抢夺自己的死耗子,便惊慌失措,张牙舞爪地吓唬凤凰,口里还发出'㘗!㘗!'的声音,你说可笑不可笑?"庄子以此喻说明:惠施珍惜的相位,却是他所厌恶的。

相比《红楼梦》里的贾宝玉不否定爱情、亲情、男女之情乃至男男之情(如他与秦钟、柳湘莲直至北静王的关系),而庄子干脆连这个七情六欲也全否定了。庄子关心的只剩下了养生、求生、终其天年,即精神生活的畅快、自由、满足,也即逍遥游的快感。

据《史记》记载,楚威王闻知庄子很有才能,便以厚金礼聘,请他做卿相。庄子听说后,笑着对楚国的使者说:"千金、卿相,的确是重利尊位,但你难道看不见用于祭祀的牛吗?养了几年之后,便给它披上绣花衣裳送到太庙作祭品,到那时,它即使想做一头自由自在的小猪,也不可能了。你快走吧,不要玷污了我!我宁愿像一条小鱼,游戏于污泥浊水之中,自得其乐,也不愿为治国理政的俗事凡务所拖累。我将终身不仕,以实现我孜孜以求的精神自由。"庄子鄙弃功名的思想由此可见一斑。

庄于一生虽然穷闲潦倒,却从不为功名利禄折腰。他把自己的节操和信仰,把对精神自由的追求,看得如同生命一样宝贵。他安贫乐道,视名利如浮云,始终与统治者采取不合作的态度,表现出了"不为轩冕肆志,不为穷约趋俗"的恬淡逍遥的人生理想。庄子的一生,正如他自己所言:不刻意而高,无仁义而修;无功名而治,无江海而闲;不道引而寿,无不忘也,无不有也;其生也天行,其死也物化;静而与阴同德,动而与阳同波;不为福先,不为祸始;其生若浮,其死若休,淡然独与神明居。庄子者,古之博大真人哉!

弟子前去拜见禅师,问道:"师父,为什么我觉得自己这些年来总是没有长进?"

禅师笑着说:"先喝杯水吧!"于是就拿起桌子上的茶壶,然后往杯子里倒水。水很快满了,但禅师却仍不罢手,依旧往杯里注水。

弟子提醒他:"杯子已经注满了。"禅师意味深长地对弟子说:"再倒一些吧,说不定能更多一些呢!"

弟子笑着说:"杯子已经满了,你再怎么倒也不能增加杯里的水。"

禅师说:"这个道理你也懂呀,可是你为什么还来问我呢?"

弟子终于醒悟,自言自语地说道:"是啊!人生也是这样的道理,心里装的东西太多了,自然就装不进去其他的了!"

禅师看他很快就明白了,便笑着说:"是啊!人往高处走,水向低处流。很多人只想着往心里装更多的东西,以得到自己想要的,但是他们越是这样想,就越不能得到,因为他们的心已经满了,怎么能装进去东西呢?于是他们就找各种各样的借口,认为自己老了。其实人的老化关键不在于肉体上的老化,首先应该是精神上的老化。当一个人无法接受新事物的时候,老化的过程就开始了。一个人之所以无法接受新事物,并不是因为他不需要,而是他心上的那只杯子,已经被杂念装满了。"

你心上的那个杯子装了多少杂念?要想把新的东西装进去,只有把原来的旧东西倒掉。

《心经》云:"观自在菩萨,行深般若波罗蜜多时,照见五蕴皆空,度一切苦厄。""空"并不是不存在,并非"无",因为"无"是相对"有"而言;空也不是"虚",因为"虚"是相对于"实"而言。"空"即是"无常","常"是永恒的、不变的意思,"无常"即非固定不变的。一样东西今天是你的,明天就不一定是你的;今天还在,明天说不定就没了。禅宗启示我们,要彻悟"空"性的道理,不要执著于物相。万物从因缘生,没有固定,也非永恒,故世事无常,不要执著于功名利禄等身外之物,故不要执著于五蕴。

在急剧变化的现代化过程中,人日益变得不自由。于是,人们纷纷向往没有束缚的自由,或者说是放纵,而这不过是"有等"的自由而已。什么是"有等"的自由?请看,《世说新语》有许多篇幅出神入化地描绘出竹林中人的狂狷气象。阮籍箕踞啸歌、嵇康扬槌傲戏、刘伶脱衣裸形、阮咸与群猪共醉。阮籍的"青白眼"是非分明。刘伶自称"天生刘伶,以酒为名",每次出门必带酒,命仆扛锹相随,一旦醉死途中,便就地掘坑而葬。无拘的言行在残酷的现实面前总是要付出代价的。"自我"膨胀得太大,便会失去自由存在的合理性。空余得嵇康临终一曲《广陵散》,余音绕梁,挥之不去。

庄子敏锐地发现了人的异化现象,即"物于物"、"丧性于俗"、"殉于物",他通过"心斋""坐忘"等来消泯物我的界限,试图营造一种自在状态中安静而自然的生活,或许就是我们在当下最缺失的也最不易寻找到的东西。

佛家的基本命题是"色即是空",举凡一切看得见、摸得着,以及能够听到、嗅到、想到、意识到的事物,都如梦幻泡影,虚而不实。在佛祖眼里,"王侯之位"就像透过缝隙的灰尘,"金玉之宝"就像扔在地上的碎瓦残砖,"纨素之服"就像弃而无用的破布,而大千世界就一粒沙子那么小。

《八大人觉经》上说:"生死疲劳,从贪欲起,少欲无为,身心自在。"心要像一颗明珠,清清楚楚、明明白白地看到念头的起伏,但是我们的本心要不动。一生只知道追逐名利而不知道享受的人,心最苦累。拥有一颗清净自由之心,是幸福之源泉。俗话说:"心底无私,天地宽。"这是一种大智慧和生存的大方略,孔子说:"君子坦荡荡,小人长戚戚。"君子胸襟开阔、心地纯洁,因而坦坦荡荡;小人蝇营狗苟、患得患失,因而悲悲戚戚。君子是内心完满自足的,他的这种心境和胸怀就是心态的平和、安定和勇敢,这既可以弥补先天的不足,也可以弥补后天的过失,让人每天都能开心地生活。

生命无常

【原文】

老聃死，秦失吊之，三号而出。弟子曰："非夫子之友邪？"曰："然。""然则吊焉若此，可乎？"曰："然。始也吾以为其人也，而今非也。向吾入而吊焉，有老者哭之，如哭其子；少者哭之，如哭其母。彼其所以会之，必有不蕲言而言，不蕲哭而哭者。是遁天倍情，忘其所受，古者谓之遁天之刑。适来，夫子时也；适去，夫子顺也。安时而处顺，哀乐不能入也，古者谓是帝之县解。"

【翻译】

老聃死了，秦失去吊丧，号了三声就出来了。

弟子问说："他不是你的朋友吗？"

回说："是的。"

问说："那么这样子吊唁，可以吗？"

秦失说："可以的。原先，我以为他是至人，现在才知道并不是。刚才我进去吊唁的时候，看见有老年人哭他，如同哭自己的儿子一样；有少年人哭他，如同哭自己的母亲一样。老少哭他这样悲伤，一定是（情感执著）不必哭诉而哭诉。这是逃避自然违背实情，忘掉了我们所禀赋的生命长短，古时候称这为逃避自然的刑法。正该来时，老聃应时而生；正该去时，老聃顺理而死。安心适时而顺应变化，哀乐的情绪便不能侵入心中，古时候把这叫做解除倒悬。"

烛薪的燃烧是有穷尽的，火却传续下去，没有穷尽的时候。

禅释庄子

生命是虚无而又短暂的，它在于一呼一吸之间，在于一分一秒之中，如流水般消逝，永远不复回。庄子通过这个故事告诉人们，人生、人死，都是大自然循环往复过程的展现。知道这个道理的人，随着大自然的流转而自由飘荡，所以不分生死，不趋生，不避死，生不喜而死不悲；不知道这个道理的人认为生是福、死是祸，所以趋生避死，为生而喜，为死而悲，结果不但不能改变死人的命运，而且还枉费活人的精神。庄子说："我以天地为棺椁，以日月为连璧，以星辰为珠玑，万物是我的陪葬，我陪葬的物品还不够完备吗？"一个行将就木的人，头脑还那么清醒明智，在面对生命终止的时候依然保持情趣，足以证明他是一位哲人，一个真人。

对于生命的存亡，庄子也归因于天命的自然运转。他曾说："死生，命也，其有夜旦之常，天也。人之有所不得与，皆物之情也。"（《庄子·大宗师》）就像永远存在黑夜与白昼的交替变化一样，人的死和生都是必然的、不可避免的。人世间的物理实情都是由命运时势所决定，人力无法干预和改变。在庄子看来，人的生生死死、生命的存在与消亡都是宇宙大化自然规律使然，人本身对于属于自己的生死问题没有任何发言权和支配权。从这个意义上讲，人的一生是悲哀的。

在庄子看来，"忽然"走完生命历程，是返归大自然，回到生命的初始状态，这本来就是延长，就是永恒。因此，没有必要为生命短暂而悲哀，更不必为声名是否传之后世而操心忧虑。

庄子认为，世界万物都是在无限空间和无限时间中变化流行的，人的生命正是构成万物的元素"气"聚合的产物。生命的出现与消失，无非是自然大化流行过程中的一个环节而已。《至乐》说："察其始而本无生，非徒无生也，而本无形；非徒无形也，而本无气。杂乎芒芴之间，变而有气，气变而有形，形变而有生。今又变而之死，是相与为春秋冬夏四时行也。"生命产生的过程是：从什么也没有，到若有若无之间，再到气，再到形体，然后才有了生命。因此，生与死的变化，就像春夏秋冬四季的运行一样，纯属自然而然。人的生命取决于气的聚散，气的聚散是宇宙大化流行中的自然现象，那么，生命的出现与消失只不过也是大化流行中的自然现象而已。

庄子对生命的时间定位，是用一个非常灵敏的动物来作譬喻。《知北游》说："人生天地之间，若白驹之过隙，忽然而已。注然勃然，莫不出焉；油然漻然，莫不入焉。已化而生，又化而死，生物哀之，人类悲之。""白驹过隙"，就是庄子对生命的时间定位，他得出的结论是两个字：短暂。他用"忽然"来描述这一极其短暂的时间。在他看来，人从化而生，到化而死这段生存的时间，就像一匹白色的小马驹掠过缝隙一样，虽然光彩亮丽，但只是忽然而已，一闪而过而已。人的生命历程是如此，自然界万物莫不例外。它们蓬勃生长，但没有不死去的。由"勃然"生长到"油然"消亡，变化是如此迅疾，这种情形令生物为之哀伤，人类感到悲痛。

庄子把生命看作是物质气的聚散，为我们描绘了人由生前到出生，又到死亡的过程。这样的一个过程就是由无形、无气、到有气、有形、有生，再回到无生、无形、无气的过程。这个过程是一个自然的过程，因生而不足喜，死而不必悲，此所谓"通乎命"。通乎命，就是认识到生命的所以然，所以庄子不为妻子之死而哭而悲。在庄子看来，"忽然"走完生命历程，是返归大自然，回到生命的初始状态，这本来就是延长，就是永恒。因此，没有必要为生命短暂而悲哀，更不必为声名是否传之后世而操心忧虑。

庄子到楚国去，见到一个骷髅，朽然已空，忽而恢复成形。庄子用马鞭敲敲这骷髅，问他："你是贪生怕死失去理性而致此呢？还是国之灭亡，被加诸斧钺？还是你为人不善，怕遗留丑闻给父母妻子，羞愧而死呢？是饥饿受冻致此呢？还是已尽天年而致此？"

骷髅不说话，庄子无奈，说完抱骷髅归去，作枕头而眠。夜半，骷髅悠然入梦，说："你的谈吐颇似雄辩家，然我看你的说法，大体是人生的累赘，而人死了之后，这一切累赘都没有了，你岂欲知死之快乐吗？"庄子说："是。"

骷髅讲："死了之后，上无国君，下无人臣，也不复有春夏秋冬的事情烦扰，安闲地以天地看作春秋，即使能够南面称王（指世上南面称王），也不能有这样的快乐啊！"庄子不信，说："我想叫神灵恢复你的人形，还原你的骨肉肌肤，使你与父母妻子、闾里的相识团聚，你愿意如此吗？"骷髅却深深地忧虑，紧皱双眉说："我哪能抛弃南面为王（指骷髅梦中为王）的快乐而恢复人间的劳苦啊！"骷髅所告诉庄子的是，大地劳我以生，息我以死。死，不但不是一种痛苦，而且是一种离形去智的快乐，一种永恒的快乐。

庄子强调，人的出生与入死，一切都是造化安排好的，是事物变化和天命运化使然。人生有生死，就如自然有昼夜，也如同万物有自然的规律，均属客观化地运转，皆不是人自身可以掌控的。

庄子临终时，他的门徒开始筹备盛大的葬礼。

但庄子说："天地就是我的灵柩，日月就是挂在我身边的玉符，天上的星辰会像宝石一样在我四周闪闪发光，所有存在的都会在场,就像守灵的送葬人,还要什么呢,一切都得到了充分的照应。"

但门徒说:"我们担心乌鸦和老鹰会吃掉我们的师父。"

庄子回答说:"对,在天上我会被乌鸦和老鹰吃掉,而在地上我会被蚂蚁和虫子吃掉,无论哪一种情况我都要被吃掉,所以,你们为什么只想到乌鸦和老鹰呢?"

认识庄子,可以化解我们对死亡的感伤与恐惧,由此减少我们对生命的执著与妄念。既然死亡不可避免,我们只能设法在有生之年,多多体验精神上的自在与逍遥。庄子虽然侧重于甚至执著谈"死"的变化,而不是"生",但并不是因为想"死"而注重死,更不是鼓励人去死,而是为了更好地"生"而注重对死的感悟和探索。在此,彰显的正是庄子对"生"的关怀和注重。

庄子清醒地认识到,生与死是一种人力无可奈何的必然性。《大宗师》里云:"死生,命也;其有夜旦之常,天也。人之有所不得与,皆物之情也。"庄子这里所谓"命",即是指人力无可奈何的必然性。生与死,就像夜晚和白昼的运行变化一样,是人的力量所不能干预的自然规律。生活在这个"福轻乎羽,莫之知载;祸重乎地,莫知之避"的社会中,灾祸随时会降临,忧惧无时无刻不存在。庄子表现了生不如死,死比生乐的观点。《至乐》云:"死,无君于上,无臣于下,亦无四时之事。从然以天地为春秋,虽南面王乐,不能过也。"

庄子认为人是由天地之气积聚而成的,是物质世界的一部分,死即是化归大自然,回到人生命以前的状态。《大宗师》里说:"夫大块载我以形,劳我以生,佚我以老,息我以死。故善吾生者,乃所以善吾死也。"不管是让我生,还是要我死,都是大自然对我的善待。《德充符》主张:因为"我"是自然万物之一,本来就应该融合到宇宙生命的大化流行中,"以死生为一条"。具有这种思想,就可以不以生喜,不以死悲,达观地面对生死去来。

庄子认为个体生命的价值就在宇宙万物自然生化的本身!在他的眼里,死亡不过是自然法则作用下的必然现象,是生命规律的演化过程。人的生命来于自然而最终形散气竭又归于自然。因为,当他把对死生的观察点从本身转移到超越个体之上的另一个更高的、更普遍的存在时,死生的界限就消失了。随之,死产生的恐惧,生带来的欢欣,即对生死的不同情感界限也就不再存在。

冯友兰先生指出:庄周哲学"不能解决问题,但能取消问题。人生之中总有些问题是不可能解决而只能取消的"。生死这个人生的最大问题,就是只能取消的问题。庄子是从一切世俗的拘束里,解脱出来,求得精神上自由,得到生死一致的观念,并得到不生不死的境界。庄子对于死生的观念,即是"尽年"二字,所以能忘我,忘我所以能忘人,忘我忘人,所以能忘世,能忘世所以能入世。

在佛陀时代,有一位妇人,她只生了一个儿子,因此,她对这唯一的孩子百般呵护,特别关爱。可是,天有不测风云,人有旦夕祸福,妇人的独生子忽然染上恶疾。虽然妇人尽其所能邀请各方名医来给她的儿子看病,但是,医师们诊视以后都相继摇头叹息,束手无策。不久,妇人的独生子就离开了人世。

这突然而至的打击,就像晴天霹雳,妇人完全无法接受这个事实。她天天守在儿子的坟前,夜以继日地哀伤哭泣。她形若槁木,面如死灰,悲伤地喃喃自语:"在这个世间,儿子是我唯一的亲人，现在他竟然舍下了我先走了，留下我孤苦伶仃地活着，有什么意思啊？今后我要依靠谁啊？……唉！我活着还有什么意义呢？"

妇人决定不再离开坟前一步，她要和自己心爱的儿子死在一起！四天、五天过去了，妇人一粒米也没有吃，她哀伤地守在坟前哭泣，爱子就此永别的事实如锥刺心，实在是让妇人痛不欲生啊！

这时，远方的佛陀在定中观察到这个情形，就带领了五百位清净比丘前往墓冢。佛陀与比丘们是这么样的安详、庄严，当这一行清净的队伍宁静地从远处走过来时，妇人远远地就感受到佛陀的慈光摄受，她认出了佛陀！她忽然想到世尊的大威德力，正可以解除她的烦忧，于是她迎上前去，向佛陀五体投地行接足礼。佛陀慈愍地望着她，缓缓地问道："你为什么一个人孤单地在这墓冢之间呢？"妇人忍住悲痛回答："伟大的世尊啊！我唯一的儿子带着我一生的希望走了，他走了，我活下去的勇气也随着他走了！"佛陀听了妇人哀痛的叙述，便问道："你想让你的儿子死而复生吗？""世尊，那是我的希望！"妇人仿佛是水中的溺者抓到浮木一般。

"只要你点着上好的香来到这里，我便能咒愿，使你的儿子复活。"佛陀接着嘱咐："但是，记住！这上好的香要用家中从来没有死过人的人家的火来点燃。"

妇人听了，二话不说，赶紧准备上好的香，拿着香立刻去寻找从来没有死过人的人家的火。她见人就问："您家中是否从来没有人过世呢？""家父前不久刚往生。""您家中是否从来没有人过世呢？""妹妹一个月前走了。""您家中是否从来没有人过世呢？""家中祖先乃至于与我同辈的兄弟姊妹都一个接着一个过世了。"妇人始终不死心，然而，问遍了村里的人家，没有一家是没死过人的，她找不到这种火来点香，失望地走回坟前，向佛陀说："大德世尊，我走遍了整个村落，每一家都有家人去世，没有家里不死人的啊……"

佛陀见因缘成熟，就对妇人说："这个婆娑世界的万事万物，都是遵循着生灭、无常的道理在运行。春天，百花盛开，树木抽芽，到了秋天，树叶飘落，乃至草木枯萎，这就是无常相。人也是一样的，有生必有死，谁也不能避免生、老、病、死、苦，并不是只有你心爱的儿子才经历这变化无常的过程啊！所以，你又何必执迷不悟，一心寻死呢？能活着，就要珍惜可贵的生命，运用这个人身来修行，体悟无常的真理，从苦中解脱。"老妇人听了佛陀为她宣说无常的真谛，立刻扭转了自己错误的观念知见。此时围绕在冢间观看的数千人群，在听闻佛法真理的当下，也一起发起了无上菩提心。

生命每时每刻都在不停地消逝，然而能洞察到这一点的人却不多，洞察到能够超越的人更是微乎其微。通常，人们总是沉浸在种种短暂幻化泡沫式的欢乐中，不愿意正视这些。然而，无常本就是生命存在的痛苦事实，故生命从来就没有停止流逝。

第三章 《庄子·德充符》——循宇宙之"道"

一个空灵与虚通的境界,是道和德充实内心的世界,就是超越形体和外物的世界。在庄子的生命里,德是"心斋"了的世界,可以"虚室生白",是一种"游心于道"的状态,不同于有形世界的精神世界。

禅释庄子

守住本心

【原文】

　　常季曰:"彼兀者也,而王先生,其与庸亦远矣。若然者,其用心也独若之何?"仲尼曰:"死生亦大矣,而不得与之变,虽天地覆坠,亦将不与之遗。审乎无假而不与物迁,命物之化而守其宗也。"常季曰:"何谓也?"仲尼曰:"自其异者视之,肝胆楚越也;自其同者视之,万物皆一也。夫若然者,且不知耳目之所宜,而游心乎德之和;物视其所一而不见其所丧,视丧其足犹遗土也。"

【翻译】

　　常季说:"他是一个断了脚的人,而能胜过你,那么他与普通人相比,其间的距离就太大了。果真这样,他是怎样去运用他的心智呢?"

　　孔子说:"死生是一件极大的事,却不会使他随之变化,就是天覆地坠,他也不会随着遗落毁灭。他处于无所待的境界而不受外物变迁的影响,主宰事物的变化而执守事物的枢纽。"

　　常季说:"这是什么意思呢?"

　　孔子说:"从万物相异的一面去看,肝胆毗邻却如远隔,这就像楚国和越国一样;从它们相同的一面去看,万物都是一样的。如果了解这一点,就不会去关心耳目适宜于何种声色,只求心灵游放于德的和谐的境地;从万物相同的一面去看就看不见有什么丧失,所以看自己断了只脚就好像失落了一块泥土一般。"

"游"是庄子常挂在嘴边的一个字,打开《庄子》我们会发现这里面的此"游"彼"游",不胜枚举。现实中的庄子,整天就梦想着"游无何有之乡"(《庄子·应帝王》)、"游无极之野"(《庄子·在宥》)。无何有之乡、无极之野在他那里都是理想的极乐世界,游于其中是无比自由的,这对于处于困境中的个体生命而言是件再好不过的事了。

庄子在《山木》篇中说过:"人能虚己以游世,其孰能害之!"这句话一方面反映出庄子游世的现实考量,即避免在现实境遇中的一切伤害,为审美化生存奠定必要的现实基础;另一方面也呈现出庄子游世的基本条件——"虚己",用成玄英的话说就叫"无心",也即是要去除体内的一切私心杂念和利害计较,似明镜一般。

世界上有许多诱惑,金钱、桂冠、权贵,都是身外之物,只有生命才是最真实的。可叹世间大多数人似乎都不能真正选择是要钱还是要命,所以活得很辛苦。必须做到唯求心安,事事无愧,人活着是责任义务,如初祖达摩所说:"不谋其前,不虑其后,无恋当今。这才是真正的解脱。净慧大师说:"苦在一切人面前都是平等的,只不过苦的方式不同而已。人活着为什么会感到很累很累呢?就是因为总被种种外在的事相所迷惑,总企求得到的越多越好,以致肩上的担子越来越重,连步子都迈不开了。"人生是苦的,充满烦恼,但如果放下执著,苦当下就是空,烦恼就是菩提,人生就是解脱。

心是快乐之本,无论人处于何种生活状态,心修得好,就是快乐。禅宗启示我们,清净心就在你的心里。想生活在充满烦恼、不安、纷争的世界里,还是生活在充满鸟语花香、安宁智慧的华藏世界里,都取决于你的心。清静心就是无垢无染、无贪无嗔、无痴无恼、离恶行之过失、离烦恼之垢染，无所执著，心地空明清净，圆觉无碍。

本心污浊，其道不平若心污浊，则行为就污秽；行为污秽，就不能避免其痛苦。禅宗充分地发扬了佛教的解脱说，它要我们当下放下，无分别，凡夫就是佛，婆娑世界就是净土，在繁忙的人生中就能实现最大的自在。

心主宰生命的一切活动，是生命主宰和主人翁。《坛经》说："世人性净，犹如青天，慧如日，智如月，智慧常明。于外著境，妄念浮云覆盖，自性不能明。故遇善知识开法，吹却迷妄，内外明彻。"禅宗不再崇拜外在的佛而是达到了对佛性的觉悟。禅从宗教变成了人生的智慧。法性变成了佛性，佛性即自性，自性即人性，人性即人心。心即性，性即心，心与性想通。心在人，性在事。一个开悟的人呢，不仅明自心，也见万物之本性，明自心也明自性。众生起下劣心而不起菩提心；清慢心、虚妄执著，正智不生，执实有，违谤真如，净智、功德皆不成就，不离我执，不起大悲，等等，都是佛性之遮蔽。佛性论的中心思想是"佛性者即是人法空所显真如"。

追求内心快乐并不妨碍享受外在物质的快乐，反而是有助益的。假若我们的内心没有安详自在，那么，不管外在东西多么美丽漂亮，也会感到索然无味。假若我们的内心已然悠闲自得，那么，对于外在物质品位，自然会感到快乐。《大学》言："知止而后有定，定而后能静，静而后能安，安而后能虑，虑而后能得。"修身养性为第一要务，"心静胜神医"。燃灯法师说："拥有一颗清净心，是幸福之源泉。我们整天为纷繁复杂的人际关系所左右，为身外物所烦扰，为名利所刺激，我们的心怎么净得下来呢？烦恼自然时刻也不会远离我们。"

《坛经》中有这样的话:"性之相貌究为何者,但曰:我天然本有者曰性(天命之谓性),随性而起之心,合乎自然者曰道(率性之谓道),道亡而教以复其本曰修(修道之谓教)。"意思就是告诉我们要放下种种表象的东西,用本性,用真心去看世界,看问题。

《坛经》中有这样的一段记载,是说慧能大师小时候父亲早逝,他随母亲移居南海,但他们的生活非常艰苦,慧能只好以砍柴卖柴为生。有一天,一个买柴的客人要慧能把柴送到官店。慧能把柴送到官店,拿到钱后正要出门,但他却忽然看见有位客官在读经,读到'应无所住,而生其心',心中豁然开悟,于是就问那位客人:"您读的是什么经?"

那位客人回答说:"是《金刚经》。"

慧能听后接着问:"您从哪里来,是怎么得到这本经的?"

那位客人回答说:"我从蕲州(湖北省)黄梅县东禅寺来,那是禅宗五祖弘忍大师住持教化的道场,那里有一千多个参学的人,我是在那个寺院里拜祖师,听受此经的。"然后那位客人还告诉慧能:"五祖弘忍大师经常告诉我们在家和出家的众人说,只要受持、念诵《金刚经》,就自然能见自本性,直下了悟成佛。"

慧能听后决心去访五祖弘忍大师,而那位客人也送了他十两银子让他安置老母,以便前去黄梅礼拜五祖。慧能拿了客人送的十两银子,安顿好老母后,没用一个月的时间就赶到湖北黄梅县东禅寺。

慧能见到五祖,五祖问他说:"你是哪里人,到我这里想求什么?"

慧能听后回答说:"弟子是岭南新州平民,远道而来只求做佛,不求其他。"

五祖听后反问说:"你是岭南人,又是獦獠,怎么做佛啊?"

慧能听后回答说:"佛性无分南北,佛性也不分文明人与野蛮人。"

这是六祖慧能大师悟道拜师的过程。他悟道的过程可以说只有八个字,那就是:"应无所住,而生其心。"一个不识字的贫苦人,听到一句经就得以开悟,我们不难看出他的心原本就很清净,而且能放得下,看得开。

但慧能大师当时到底悟到什么程度,那接下来他与五祖的对话可以说是五祖对他的考试了。当慧能大师答出:"远来礼师,只求作佛"时,我们不难看到慧能大师的超脱、庄严、非凡!相信五祖听后也必是万分满意,而他还要再试一试慧能悟道的深浅,于是他又反问说:"你是未开化地方来的獦獠,怎么做佛啊?"这可以说是近似于刁难了,而没有听过经的慧能的回答,却与禅理异曲同工:"佛性不分南北,也不分文明人与野蛮人。"

古往今来,许多智者以出世的思想做入世的人,身在红尘却不为俗事所扰。其实通往自在净土的方法很简单,不管你阅世再深,只要你能用心看破万物的本质,放下那颗执于物的心,不被世事牵动,保持一种不染万境而常得自在的心就可以了。

在慧能看来,宇宙万物都是由自性派生的,他们都包含于自性之中,而客观的世界都是"妄念浮云",覆盖本心,让你看不清这个世界的真相。当你去掉妄念,就会认识到"宇宙的实体、世界的本原"的心性,看清世间的森罗万象。佛典《大乘起信论》中也说:真如产生一切染净、善恶之法,虽然自性清净,但由于客尘的障蔽而烦恼不净，如来藏人于一切众生心中，因此人人皆有真如佛性，去除客尘的障蔽，显现出清净的自性，便可得到解脱。这与慧能的"自性即佛"异曲同工。

回归自性

【原文】

常季曰："彼为己以其知，得其心以其心。得其常心，物何为最之哉？"仲尼曰："人莫鉴于流水而鉴于止水，唯止能止众止。受命于地，唯松柏独也在冬夏青青；受命于天，唯舜独也正，幸能正生，以正众生。夫保始之征，不惧之实；勇士一人，雄入于九军。将求名而能自要者，而犹若是，而况官天地，府万物，直寓六骸，象耳目，一知之所知，而心未尝死者乎！彼且择日而登假，人则从是也。彼且何肎以物为事乎！"

【翻译】

常季说："王骀修己罢了，他用智慧去理解分别一切的心，再根据这个心返回到不起分别作用的'常心'，为什么众人会归依他呢？"

孔子说："人不在流动的水面上照自己的影子，而在静止的水面照上自己的影子，唯有静止的东西才能使他物静止。接受生命于地，唯有松柏禀自然之正，无分冬夏枝叶常青；接受生命于天，唯有尧、舜得性命之正，在万物之中为首长。幸而他们能自正性命，才能去引导众人。能保全本始的征验，才会有勇者的无所畏惧。勇敢的武士，一个人冲入千军万马之中。想要追求功名的人尚且能够这样,何况主宰天地,包藏万物,以六骸为寄寓,以耳目为迹象,天赋的智慧能够烛照所知的境域,而心中未尝有死的念头的人呢!他能从容地选定吉日而超尘绝俗,大家都乐意随从他。他哪里肯以吸引众人为事呢?"

常季关于残疾人王骀的对话,指出经过验证而充实的"德",是一种"忘形"与"忘情"的心态。天下熙熙皆为利来,天下攘攘皆为利往。人生在世,从古至今,很难看破的就是"名"与"利"这两个字。在这个世界上人人都会面临各种各样的困窘。社会前进,精神世界愈发孱弱,环境恶化、精神紧张、寂寞空虚、纸醉金迷、人格扭曲、道德败坏、信仰危机。人们疯狂地追逐外物,却忘掉了心灵世界的内在修养。如今庄子大声呼喊"忘形"与"忘情",实在是一杯清凉的山泉,涤荡日渐污浊的灵魂。在庄子看来,只有超越了生命,才能够驾驭生命。

有个信徒问慧海禅师:"您是有名的禅师,可有什么与众不同的地方?"

慧海禅师答道:"有。"

信徒问道:"是什么呢?"

慧海禅师答道:"我感觉饿的时候就吃饭,感觉疲倦的时候就睡觉。"

"这算什么与众不同的地方,每个人都是这样的,有什么区别呢?"

慧海禅师答道:"当然是不一样的!"

"为什么不一样呢?"信徒问道。

慧海禅师说道:"他们吃饭时总是想着别的事情,不专心吃饭；他们睡觉时也总是做梦，睡不安稳。而我吃饭就是吃饭，什么也不想；我睡觉的时候从来不做梦，所以睡得安稳。这就是我与众不同的地方。"

慧海禅师继续说道："世人很难做到一心一用，他们在利害得失中穿梭，囿于浮华的宠辱，产生了'种种思量'和'千般妄想'。他们在生命的表层停留不前，这是他们生命中最大的障碍，他们因此而迷失了自己，丧失了'平常心'。要知道，只有将心灵融入世界，用心去感受生命，才能找到生命的真谛。"

一个人只有心无杂念，把功名利禄看破，才能像荷一样静素清纯，人的本性也像源泉一样清澈明净，后因世事的污染，蒙蔽了本性，看不清真实的面貌。所以，只有在日常生活中去修炼，做到进退无执，才能返回本性，保持清净心不被污染。清净、平等、清澈无碍的法心，是我们的本源。所以，一旦发现不清净、不平等就需静心修炼，再自觉觉他，这是智慧的选择。

深受禅宗影响的中古日本艺术家同样崇尚自然，追求物我同一的超然体验。大自然的生息演变给他们带来无比的快乐：听到蛙声开心，看到蝴蝶开心，看到花开也开心。日本俳句圣手松尾芭蕉说："从于造化，归于造化。"春天来了，万物复苏，他唱道：

何等尊贵

青叶嫩叶

在日光下

芭蕉满怀敬意地描绘春日阳光下的树叶，青叶嫩叶在芭蕉笔下有了生命，芭蕉的生命价值也在永恒的自然中得到延续。还有十二世纪大歌人西行，他看到满树的樱花，也有庄周化蝶一样的生命体验：

　　自见彼花之日

　　心已离身而去

西行还是一个坦率而可爱的人，他孤身一人，隐居山中，有时喜欢寂寞，高兴地唱道：

　　山村无人访

　　若无寂寞

　　岂堪居住

有时他也会觉得闷，这时他会说：

　　但望还有人

　　堪耐清寂

　　同结草庵

　　冬日山村

读了这两阕和歌，不由让人喜欢上这个心无杂质的可爱老头。西行看到樱花开放，会高兴得手舞足蹈。一个人住在深山老林，有些得意，又有些怅然，既不自命清高，又不遮遮掩掩，难怪松尾芭蕉如此推崇他。

当你走入大自然怀抱中时，可以安静地坐在那里，跟大自然融为一体，感受大地充满规律的脉动，倾听风的气息和草的语言，你会有许多感触；一草一木、蓝天白云，整个山脉大地都是你的老师。徜徉在大自然中，它本身就是一种很舒服的享受，体会一种融入、开放、合为一体的舒畅感。刹那间，那种情境，就像一首寒山诗："水清澄澄莹，彻底自然见；心中无一事，水清众兽现。心若不妄起，永劫无改变；若能如是知，是知无背面。"但愿自己的心，也能像这个小小的、宁静的森林水池，如实照见，不再忧悲苦恼。

禅不可说，只可意会，不可言传，其中滋味是"如人饮水，冷暖自知"。禅宗要求随缘自在、任性逍遥、无执无著。《大般涅槃经》云"一切众生皆有佛性"，一旦体悟则"触类是道"；"郁郁黄花，无非般若，青青翠竹，尽是法身"；"佛法现成，一切具足"；"扑落非他物，纵横不是尘，山河及大地，全露法身王。"万物自有圆满具足的真如佛性。自性处处显现，山水皆是真如。

世间万法，离不开心。禅宗里所说的这个"心"，就是这个本体论意义上的"心"，而不是俗世所说的"心"。俗世所说的"心"，只是"心"的现象，不是心的本体。一切众生都是佛，只是众生找不到自己的本性，找到了就不是凡夫，个个是佛，众生平等。所以后世禅宗经典，心、佛、众生，三者无差别。心即是佛，悟道了，此心即是佛，没有悟道，佛也是凡夫，心、佛、众生，三者无差别，三样平等。觉悟了的禅师，他们已经领悟到了自心实相，已经领悟到了万法之源，所以他们能够安住于当下，随缘起用。他们所领悟到的，就是本体论意义上的不生不灭的"心"。

心之忧苦

【原文】

产曰："子即若是矣，犹与尧争善，计子之德不足以自反邪？"申徒嘉曰："自状其过以不当亡者众，不状其过以不当存者寡。知不可奈何而安之若命，唯有德者能之。游于羿之彀中，中央者，中地也，然而不中者，命也。人以其全足笑吾不全足者多矣，我怫然而怒；而适先生之所，则废然而反。不知先生之洗我以善邪？吾与夫子游十九年矣，而未尝知吾兀者也。今子与我游于形骸之内，而子索我于形骸之外，不亦过乎？"子产蹴然改容更貌曰："子无乃称！"

【翻译】

子产说："你已经是这样了，还要和尧争善，你计量一下自己的德行，还不够你自我反省吗？"

申徒嘉说："一个人自己辩说自己的过错，认为不应当残形的人很多，既残形后，不辩说自己的过错，以为自己不当全形的人很少。知道事情的无可奈何而能安下心来视如自然的命运，这只有有德的人才能做得到。走进羿的射程之中，正是当中的地方，进入了必中的境地，然而有时不被射中，那是命。别人因为两脚完全而笑我残废的很多，我听了非常生气；等到来了先生这里，我的怒气全消，恢复了常态。你还不明白这是先生用善来教化我吗？我在先生门下已经十九年了，可是他从来没有感觉到我是断了脚的人。现在你和我游于'形骸之内'德相交，但你却在'形骸之外'用外貌来衡量我，不是很错误的吗？"

子产觉得很惭愧，立刻改了表情说："请你不要再说了。"

庄子认为，政治或人心只是造成人生痛苦的表面原因，真正的根源却在于无法抗拒也无法解释的命运本身。人生处在这巨大无形的命运之网中、被猎杀中是必然的，猎杀不了却是偶然的。个人生命在巨大的命运之网面前是那样的渺小脆弱和不堪一击。

颜世安先生指出："人被杀了，从社会的角度看也许可以找到理由，从个人的角度看却没什么理由。残害是强加的，既不可抗拒又冰冷无情。这样从个人的角度看，生命只是天地间一个孤弱无助的渺小存在，它没有坚硬的品质，没有存在的依据。个人生命在本体论的意义上就是无根的。"与先秦其他诸子关注社会政治带来的痛苦不一样，庄子显然察觉并体验到了无可逃遁的生命痛苦。尤其与孔子、孟子、墨子比较，庄子对人生痛苦的体验可能更加尖锐、更加深刻、更加强烈。庄子是以一个普通人的角度来体会个人在冰冷黑暗的世界里所感受到的艰难与痛苦，而不是孟子从救世者的高度俯视人世间的痛苦。在此意义上，庄子是草根阶层孕育出来的思想者。

　　后世的文人受庄子影响，"生年不满百，常怀千岁忧"、"人生忽如寄，寿无金石固"（《古诗十九首》）"对酒当歌，人生几何？譬如朝露，去日苦多"（曹操）"悲晨曦之易夕，感人生之常勤。同一尽于百年，何欢寡而愁殷"（陶渊明）以及"人生得意须尽欢，莫使金樽空对月"（李白）……这种种对人生生命存在之短暂和困境的感叹无不来自于人的生命意识的深刻性，充满着对于孤弱生命的关怀！

　　庄子认为人生痛苦无从解脱。第一，个人遭到伤害总是无缘无故，又不可抗拒的；第二，人生的孤弱无助不仅表现在社会生活的黑暗恐怖，而且表现在自然生命本身的脆弱；第三，人生脆弱与苦难的根源找不到，这根源存在于人之为人的基本特征本身。庄子生逢乱世，他对乱世中个人遭遇的痛苦有独特体验。这种痛苦体验是庄子思想的起点。

　　一个人在旷野中，被狮子追赶，无处可逃。

　　他正好看到一口枯井，就顺着井中的藤爬了下去，爬到半途，看到井底有四条毒蛇吐着舌头，上面又有黑、白两只老鼠在咬那条拉他的藤。一旦藤被咬断，即使不跌死，也会被井

第三章　《庄子・德充符》——循宇宙之「道」

底的四条毒蛇咬死。

正在万分惊恐时,飞来五只小蜜蜂,滴下了五滴蜂蜜。蜂蜜刚好滴入他的口中,满嘴香甜滋味,让他忘记了一切恐惧。

这寓言说的是人生。人被无常的狮子逼进了枯井,井下是生老病死、地水火风,四条蛇正在盘踞吞噬,而生命之藤又被象征昼夜的黑白二鼠啃啮着。五只蜜蜂,则比喻五欲——财、色、名、食、睡。一点甜头,就能让我们忘记危险,这样的人生是多么的被动,又是多么不自由呀!

现代人为形役使,为物牵绊,为性困围,对荣华富贵、功名利禄拼命追求,苦心劳神,不知疲倦。而当岁月逝去,蓦然回首,却发现一切不过是一场空,深深感到轮回世间的毫无意义,这是何等的凄凉境况!

这是生命存在的另一种隐喻。生命整体上是"空",这里的"空"并非虚空,而是净化自己,祛除心中贪、嗔、痴、慢、疑等杂念,真正地了解自己,不被物欲所牵,不为色相所诱,不做世俗的奴隶。

人们经常对未来产生莫名其妙的恐惧感,担心家人、健康、财富、权位,害怕死亡的到来。我们愈担心,问题愈扩大,于是我们渐渐对生活失去信心,或使自己受名利役使而不自知。

人的智慧有限,无法预知明天会发生什么事,所以对未来总是充满不安。古代的人对于风灾、地震特别恐惧,因为不了解这些自然现象发生的原因,以为是风神、地神发怒,于是有种种祭拜仪式。等到你明白了真正的原因,就能够安然接受,也知道如何正确预防和处理。

生活本来很简单,空气、阳光、水和食物,但现代人生活得太复杂也太辛苦，忙一些不相干的事务，追逐财富名利，日渐失去了生活的目的和意义，也渐渐看不清生命的本质，所以对健康和死亡充满着焦虑和恐惧。

当恐惧感袭上心头时，闭起眼睛、深呼吸，把思绪平静下来，想一想，自问一下："你怕什么？怕失去名位、财富、健康、家人、爱人、怕死亡，但这些东西属于你吗？你能够天长地久地拥有它们吗？"就算你拥有过，你曾经珍惜过吗？原来你害怕的只是自己的失落感，你心有不甘，而事实上，你想抓住的到头来还是一场空。

"吸气，过去的已经过去，再遗憾也于事无补；吐气，未来的还没有到来，再忧虑也是多余。"只有当下，你有足够的信心做准备。有些人怕静、怕鬼、怕死，那是不敢面对自己。所以恐惧是因为缺乏智慧，不能洞见生命的本质和物质现象的无常，也是因为"我执"过重，事事放不下所致。

《庄子·知北游》说："不乐寿，不哀夭，不荣通，不丑穷。"意思是说，不以长寿为乐，不为早夭而恶，不以通达为荣，不以穷困为耻。 在现实社会中，人面临死生、存亡、穷达、祸福、贫富、毁誉、饥渴、寒暑、是非、贤与不肖，等等，既不可抗拒，亦非人力所能改变。这是造化之功，是世事之变，是命运之行。如果把天地当作一个大熔炉，那么造物主就是铁匠，而人只是他手中的一块儿生铁，只能任其摆布。既然如此，庄子就主张对一切都不必计较。人之一生，遭遇的事情何止千千万万，对遭遇的事情必须以良好的心态去对待。对待所遇到的任何事情都能够承受，能够心安理得，能够心情安定，能够安于发生的任何状况，这样才算得上随遇而安。

超然物外

【原文】

哀公曰:"何谓才全?"仲尼曰:"死生存亡,穷达贫富,贤与不肖毁誉,饥渴寒暑,是事之变,命之行也;日夜相代乎前,而知不能规乎其始者也。故不足以滑和,不可入于灵府。使之和豫,通而不失于兑,使日夜无郤而与物为春,是接而生时于心者也。是之谓才全。""何谓德不形?"曰:"平者,水停之盛也。其可以为法也,内保之而外不荡也。德者,成和之脩也。德不形者,物不能离也。"

【翻译】

哀公说:"什么叫做'才全'?"

孔子说:"死、生、得、失、穷、达、贫、富、贤和不肖、毁、誉、饥、渴、寒、暑,这都是事物的变化,运命的流转,好像昼夜的轮转一般,而人的知见不能揆度它们的起始。了解这点就不足以让它们扰乱了本性的平和,不至于让它们侵入我们的心灵。使心灵是安逸自得而不失怡悦的心情,使日夜不间断地随物所在保持着春和之气,这样就能萌生出在接触外物时与时推移的心灵。这就叫做'才全'。"

哀公说:"什么叫做'德不形'?"

孔子说:"水平是极端的静止状态。它可以作为我们取法的准绳,内心保持极端的静止状态就可以不为外界所摇荡。德,乃是最纯美的修养。德不着形迹,万物自然亲附而不肯离去。"

有一天,哀公告诉闵子说:"起初,我以国君的地位治理天下，执掌法纪而忧虑人民的死亡，我自以为尽善尽美了。现在，我听了至人的言论，恐怕我没有实绩，只是轻用我的身体，以致危亡我的国家。我和孔子并不是君臣，而是以德相交的朋友。"

"死生、存亡"和"饥渴、寒暑"为"事之变"；"穷达、贫富、贤与不肖、毁誉"是"命之行"，它们都是道或命的物化过程。这种必然性如同日夜更替，凭借人的意志无法认识其终极之源（因"道无终始"）。因此要消除一切区别，无条件接受一切际遇，与物心如春和而与时而化，心灵和谐而顺应外物，《庄子》称之为"才全"。

人可以忘形，而不可丧德，若德充于内，则信符于外，就能得到世人之爱敬，自不嫌其形貌之异常。

庄子认为，修道者欲入世，自身应当先有所准备，即应"先存诸己，而后存诸人"，达到道德内充。这里的道德内充，不是儒家所主张的道德教条，而是通过"心斋"等修道方法，修炼到"虚室生白，吉祥止止"，"夫徇耳目内通而外于心知，鬼神将来舍，而况人乎！是万物之化也，禹、舜之所纽也，伏戏、几蘧之所行终，而况散焉者乎"这样的境界。

庄子认为世俗的价值，如财富、地位、权力，并不是乐的根源，反而是苦的原因，因为人们在接受这些世俗价值的同时，也就失去了精神的自主，陷入了世俗价值和权力等级的网络之中，在名利的追求中甚至可能伤害自己的生命，因此庄子轻视这些世俗的欲望追求。

即使在世俗生活中，即使人的幸福不可能完全脱离最基本的物质生活条件，但快乐或幸福的有、无、多、少，主要还是来自于个人的精神感受，这一点在庄子的逍遥之乐和儒家的"孔颜之乐"中表现得尤其明显。事实上，一个人是否幸福或快乐不完全取决于物质生活条件，特别是在基本温饱可以满足的条件下，幸福或快乐与否就更不取决于物质生活条件或肉体感官的享受。庄子并非是一个绝对虚无主义者，他内心充满着困惑，如刘笑敢先生在《庄子哲学及其演变》中认为庄子的人生哲学是外化与内不化、安命与逍遥、随俗与孤傲、悲观与乐观、虚假与真实、理想与现实的矛盾统一。这一概括远比从单一角度去看庄子的思想要全面和完整得多。

《法华经》说："诸苦所因，贪欲为本。"《净名经》说："从痴有爱，则病生。"所以，痛苦的根源是贪欲。贪爱一百件事物，就有一百个苦恼。人，总是为了追求名、利、权势而劳碌终生，对于情爱，贪求不厌，每于私情欲爱缠绵不休中，万般痛苦不能解脱！

一个从事营销策划的年轻人，经过几年奋斗，在业界小有所成。他的生活每日被传真、资料、甲方以及各种方案充塞得满满的。一天，他加班到很晚，走了好一段路没叫到车。走得热了，他停下来，松开衬衣领子，仰头呼了口气。

这时，他吃惊地看见，星星在丝绒般的夜幕中闪烁着，流溢着无言的美，一如他大学毕业离校前最后一晚，几个要好同学躺在图书馆前草地上看到的那样。那夜，他们深深被血脉中的力量激动着，为广袤的星空与未知的前途吸引着。

自那之后，他几乎再没注视过夜晚的星空了，他一直保持着弯腰奔跑的姿势。太忙了！欲望总在膨胀，目标总在前方，他就像神话中的西希弗，背负着那块巨石不停地跑动，以免巨石滚落。

夜晚的这个时刻，他多半在营销方案、计划书以及各种应酬中度过，他从没想过哪怕透过一扇小小的窗，去望望宁静的星空，倾听心灵里一些细小的声音。欲望像越滚越大的雪球，蛊惑着他拼命向前，那个雪球通往幸福吗？幸福的标准又是什么呢？他不知道。心灵被欲望占据久了，有些麻木。

《佛说八大人觉经》上说："生死疲劳，从贪欲起，少欲无为，身心自在。"一生只知道追逐名利而不知道享受的人，心最苦累。心无物欲，方寸之间皆海阔天空，永无涯畔。人啊，应该以一颗平常心，不贪婪一切外物，平平安安、清清静静、清清白白地活着，珍惜自己的生命，尊重别人的生命，这就是美好的生活啊！

有一回，弘一法师挂单宁波某寺，家乡的同事兼好友夏丏尊前去探望。说起之前住的小旅馆，夏先生的第一反应是"不清爽"。法师说："很好！臭虫也不多，不过两三个。工人待我非常客气呢！"夏先生邀请他同去白马湖，法师不欲，耐不住坚请，也就"欣然"前往。

夏先生看他把随身破席子"珍重"地铺好，拿出"黑而且破得不堪的毛巾"洗脸。夏先生忍不住建议不如换一条。法师说："哪里！还好用的，和新的差不太多！"夏先生写道："他把那破手巾珍重地张开来给我看，表示还不十分破旧。"夏先生陪他吃饭，看他碗里只有些萝卜白菜之类。"可是在他却几乎是要变色而作的盛馔，喜悦地把饭划入口里，郑重地用筷夹起一块萝卜来的那种了不得的神情，我见了几乎要留下欢喜惭愧之泪了！"又有人斋饭供养法师，其中一样菜咸得非常。同席的夏先生不禁叫苦，法师说："好的！咸也有咸的滋味，也好的！"

夏先生写道："在他，世间竟没有不好的东西，一切都好，小旅馆好,统舱好,挂单好,破席子好,破旧的手巾好,白菜好,萝卜好,咸苦的蔬菜好,跑路好,什么都有味,什么都了不得。""人家说他在受苦,我却要说他在享乐。我觉见他吃萝卜白菜时那种喜悦的光景,我想,萝卜白菜的全滋味,真滋味,怕要算他才能如实尝到的了。对于一切事物,不为因袭的成见所缚,都还他一个本来面目,如实关照领略,这才是真解脱、真享乐。"

弘一法师已经超然物外,在他那里什么都是好的,已经回归本心。经常听到有人感叹:唉!活得真累!这个"累"主要不是指肉体累而是指精神之累。这是因为通常人的欲望很多,真正如愿的太少,所以就很难体会到生活中本已存在的快乐,怎能不累呢?

历代都有超然的文人,陶渊明无粮赊酒,孔融自标风流,阮籍欲解其忧,李太白醉卧长安,欧阳修醉翁在外,苏东坡把酒问天。一代文豪苏东坡贬谪黄州时,写下了《赤壁赋》,他幻想"飘飘乎如遗世独立,羽化而登仙","挟飞仙以遨游,抱明月而长终"。他在《赤壁赋》里表达了"惟江上之清风,与山间之明月,耳得之而为声,目遇之而成色。取之无禁,用之不竭","哀吾生之须臾,羡长江之无穷"的旷达生死观。他有诗云:"江城白酒三杯酽,野老苍颜一笑温。"青山绿水的怀抱,消滞思,解尘烦,自得其乐,夫复何求?流水落花皆得自在,有了如此透彻的生死观,当然能视死如归了。

对待生死方面,禅宗比庄子更远走一步。慧能大师有名偈"菩提本无树,明镜亦非台。本来无一物,何处惹尘埃"(《坛经·行由品》),即是对生死冥界的另一种陈述。既然"本来无一物",生死又何异哉!这种思想,在后代参禅的诗人佳句中也屡有透露，例如苏东坡《和子由渑池怀旧》之诗：

> 人生到处知何似？应似飞鸿踏雪泥。
> 泥上偶然留指爪？鸿飞那复计东西。
> 老僧已死成新塔，坏壁无由见旧题。
> 往日崎岖还记否？路长人困蹇驴嘶。

孔子答曰："未知生，焉知死。"禅者答曰："从来处来，往去处去。"大慧宗杲禅师也说："现在事到面前，或逆或顺，亦不须着意，着意则扰方寸也。但一切临时随缘酬酢，自然合着这个道理。"（《大慧语录》卷二十九）遇事不回避，亦不执著，出此入彼间方寸不乱，还会有什么事情是看不开、放不下的？洞山良价禅师临终前对弟子说："出家人，心不附物，是真修行，劳生惜死，哀悲何益！"法常禅师更是豁然："来莫可抑，往莫可追。"简直就是素朴的真理性睿语："人出生不可抗拒，人死亡不能追回，事事随缘，弃却形骸。"道楷禅师临终前也很坦然，平静，他甚至还随意写下诗偈：

> 吾年七十六，世缘今已足。
> 生不爱天堂，死不怕地狱。
> 撒手横身三界外，腾腾任运何拘束！

如此潇洒，连来世如何都无一丝牵挂于心，真个是"本来无挂碍，随处任方圆"。现代著名作家周作人从中国道家文化传统中获得思想资源，自然平淡成了他在文风上的审美追求，而这种文风上追求的自然本色、质朴平淡就是对雕琢的异化的文风的反对。闲适在周作人那里既是一种人生态度，又是一种风格基调。他写喝茶："喝茶当于瓦屋纸窗之下，清泉绿茶，用素雅的陶瓷茶具，同二三人同饮，得半日之闲，可抵上十年的尘梦。喝茶之后，再去继续修各人的胜业，无论为名为利，都无不可，但偶然的片刻优游乃正亦断不可少……江南茶馆中有一种'干丝'，用豆腐干切成细丝，加姜丝酱油，重汤炖热，上浇麻油，出以供客……在南京时常食此品，据云有某寺方丈所制为最，虽也曾尝试，却已忘记，所记得乃只是下关的江天阁而已。学生们的习惯，平常'干丝'既出，大抵不即食，等到麻油再加，开水重换之后，始行举箸，最为合式，因为一到即罄，次碗继至，不遑应酬，否则麻油三浇，旋即撤去，怒形于色，未免使客不欢而散，茶意都消了。"以简洁的文字、闲适自然的笔调，使得全文如行云流水般的舒缓自在。周作人回归了传统，"我们看夕阳，看秋河，看花，听雨，闻香，喝不求解渴的酒，吃不求饱的点心，都是生活上必要的——虽然是无用的装点，而且是愈精炼愈好"。他对日常生活过程的不厌其烦的赏玩与描写，对这种"无用之用"的追求无不处处透着老庄道家的风采，寓于其中的就是一切"自然而然"之道，从"闲话"中见人生真谛。他写"故乡的野菜""北京的茶食""乡风民俗""花鸟鱼虫""生活琐事"，等等，无不体现了对自然性的人的关切。

超越"情执"

【原文】

惠子谓庄子曰："人故无情乎？"庄子曰："然。"惠子曰："人而无情，何以谓之人？"庄子曰："道与之貌，天与之形，恶得不谓之人？"惠子曰："既谓之人，恶得无情？"庄子曰："是非吾所谓情也。吾所谓无情者，言人之不以好恶内伤其身，常因自然而不益生也。"惠子曰："不益生，何以有其身？"庄子曰："道与之貌，天与之形，无以好恶内伤其身。今子外乎子之神，劳乎子之精，倚树而吟，据槁梧而瞑，天选子之形，子以坚白鸣！"

【翻译】

惠子对庄子说："人确实是没有情的吗？"

庄子说："是的。"

惠子说："人若没有情，怎么能称为人？"

庄子说："道给了人容貌，天给了人形体，怎么不能称为人？"

惠子说："既然称为人，怎么没有情？"

庄子说："这不是我所说的'情'。我所说的无情，乃是说人不以好恶损害自己的本性，经常顺其自然而不用人为去增益。"

惠子说："不用人为去增益，怎么能够保存自己的身体？"

庄子说："道给了人容貌，天给了人形体，不以好恶损害自己的本性。现在你驰散你的心神，劳费你的精力，倚在树下歌吟，靠着几案休息。天给了你形体，你却自鸣得意于坚白之论。"

庄子认为，人有一种自我设置的障碍——哀乐之情与利害之欲。七情六欲、尘世烦恼是人被情欲奴役的根源所在，是人无法逃避的。庄子所极力主张和推崇的是：人可以有感官的欲求，但却不应该因为这些好恶之情而使自己的身心受到挫损和伤害。人可以有情，但如果一味地被"私情"所拘泥或局限，就不能获得"逍遥"之乐。《红楼梦》中的贾宝玉，在经历了人间的一切繁华、恩宠、爱恋和悲伤之后，返回了大荒山青埂峰，"心头无喜亦无悲"，道出了曹雪芹的庄学倾向——无情始逍遥！

庄子参透了情，他眼中的至情是自然之情，而不是过分的、放纵的、虚伪的、极端的、有害的情感。庄子不是以理灭情，而是以理化情，以道导情。他出于常情，又超越常情，在更高的层次上复归于情，是谓至情。他反对的是有害伤身的情感，而世俗之人往往沉溺其中，乐此不疲，在这个意义上说，他无情；他否定了世俗的有害之情，相反就是对自然之情的高度肯定。"无情"并不是对生活漠不关心，而恰恰是一种人类间的"大爱"。在这个意义上说，他有情。

清人胡文英说，庄子眼极冷，心肠极热。眼冷，故是非不管；心肠热，故感慨万端。虽知无用，而未能忘情，到底是热肠挂住；虽不能忘情，而终不下手，到底是冷眼看穿。

凡夫俗子太重"情"，为"情"所困。情最麻烦的是"执"，佛学里叫"情执"。"情执"，断的不是情，是妄念。"情执"是苦恼的原因，放下情执，你才能得到自在。身边有很多人深陷爱情的漩涡中，放眼这个世界，能通透爱情本质的清醒者又有多少呢？

人类所有的痛苦皆来自于执著。六根对六尘，尘心是不清净心，原因就在于里面有情执。情就是七情，喜怒哀乐爱恶欲；执是执著，生情执，才是凡夫。

一个女人，丈夫过世了，她悲痛地来见老法师，寻求慰藉。老法师对这悲啼的妇人说："我很难过你失去了丈夫，但这是所有众生必走之路，不要太伤心，不如好好观修死亡与无常的无可避免性，那么快乐将会自你眼前的不幸中升起。"

然而，这位悲啼的妇人仍不停地哭泣并扯着头发。老法师接着说："你听我说，老是想着你丈夫之死是没有用的，不要一直想着它。现在你不妨泪如雨下，但请记住，这个经历很快就会过去，正如其他所有的事情一样。如果你不停地想着它，你将会继续受折磨。我活这么老了，我的建议是不要将每一件事都挂在心上！"

听了这番话语，悲啼的妇人立刻舒缓悲痛之情，道谢转身回家去了。她按照传统方式守丧，却不过度哀伤与绝望。依照老法师在她最悲痛的时候所建议的方式思维，她在德行与见地上大大增长，而且在精神修行上也进步非凡。

一切情执深重的人们都能好好思考思考这个公案中所包含的哲理：爱情到底是你心中的幻相，还是有独立自存的本体？你爱的到底是一个满足了你内心期待、幻想的假合体，还是一个客观、实有的对象？说到底，爱来爱去，你爱的都只是你的分别念而已。而一切分别念都是无常且刹那生灭的，就像今天喜欢穿这件衣服，明天心境、环境一变，你又会喜欢上别的衣物一样。世人不懂爱情的无常本质，以为它是永恒的、客观的、神圣的、高尚的，故而才会为之神魂颠倒、夜不成寐，甚至牺牲一切，以至性命。

百丈怀海禅师说："从人至佛是圣情执，从人至地狱是凡情执。只如今但于凡圣二境有染爱心，是名有情无佛性；只如今但于凡圣二境及一切有无诸法都无取舍心，亦无无取舍知解，是名无情有佛性。"所谓"有情无佛性"是说，因有情执，有分别，有取舍，就无佛性；所谓"无情有佛性"是说，因无情执，无分别，无取舍，就有佛性。我们要认清万事无常与非真本质，别把每一件事都执记在心。

李商隐诗云："荷叶生时春恨生，荷叶枯时秋恨成。深知身在情长在，怅望江头江水声。"执于情的人，总是看不透，纵是曾深深地伤过，在某个特殊的时候那伤处仍会隐隐地疼。执于情的人，似为情而生，未赎还得足够完整，总也还要痴痴地探寻前尘留下的旧梦。人为情所困，为情所累，为情所伤。情淡淡的，无色无味，直叫人生死相许。

人生有太多的无奈，活着得兼顾亲情、友情、爱情，想情情温暖美满，死了抛洒分泪、离泪、别泪，让泪泪难舍难分。人生在世，何苦这样与自己过不去啊！很多人终于明白了，只是这"明白"二字里有心的付出和血的代价。为情所累将半世之久，不能自拔也不能解脱！

随着年龄的增加，你会越来越深刻地体会到佛经中所言"爱欲乃诸苦之本"实为人生真谛，这所谓的爱情其实只是凡夫愚痴迷乱的习气和妄执。凡夫的心是很无常且微妙易变的，因此爱情从本质而言亦属无常性，它给人们带来的痛苦、烦恼往往远远大过幸福，因爱情而受到伤害，甚至痛苦消沉得难以自拔的现象比比皆是。很多人因为沉陷无常的爱情而造下了许多愚痴恶业，更有甚者，个别殉情者因失恋等感情方面的原因，感到自己的生命存在丧失了意义和价值并因此而自杀身亡。

"情执"是苦恼的原因，放下"情执"，你才能得到自在。《楞严经》云："情重斯幽，想明斯聪。"情执越来越淡泊，智慧就大为增上。众生皆有佛性，皆因妄想执著而不能证得，放下情执，就会走上一条人生的光明正道。

第四章 《庄子·齐物论》——破除"我执"

齐物是"破除"万物的一种方式——让生命从万物中摆脱出来,它要使万物的差别统统消失,道通为一。齐物的关键不是物而是心,有心就意味着能知善恶、美丑、是非,自然就会陷入争斗、算计、冲突与焦虑之中,这样的心就是"成心"。齐物就是无"我",扬弃我执,打破自我中心。

庄子通过丧我、梦蝶、与物俱化等,对人类思维中的误区、枝节,语言中的词不达意等,进行了多角度的批评,并指出了一条道路,那就是回归虚无,进入虚无,用佛教的话来讲,就是归于空性。

遗形忘心

【原文】

南郭子綦隐机而坐,仰天而嘘,荅焉似丧其耦。颜成子游立侍乎前,曰:"何居乎?形固可使如槁木,而心固可使如死灰乎?今之隐机者,非昔之隐机者也。"子綦曰:"偃,不亦善乎,而问之也?今者吾丧我,汝知之乎?女闻人籁,而未闻地籁,女闻地籁而未闻天籁夫!"子游曰:"敢问其方。"子綦曰:"夫大块噫气,其名为风,是唯无作,作则万窍怒呺,而独不闻之翏翏乎?山林之畏佳,大木百围之窍穴,似鼻,似口,似耳,似枅,似圈,似臼,似洼者,似污者。"

【翻译】

南郭子綦凭着几案而坐,仰头向天而缓缓地呼吸,进入了超越对待关系的忘我境界。颜成子游侍立在跟前,问说:"怎么一回事呀?形体安定固然可以使它像干枯的枝木,心灵寂静固然可以使它像熄灭的灰烬吗?你今天凭案而坐的神情和从前凭案而坐的神情不一样。"

子綦回答说:"偃,你问得正好!今天我摒弃了偏执的我,你知道吗?你听说过'人籁',而没有听说'地籁';你听说过'地籁',而没有听说过'天籁'吧!"

子游说:"请问三籁的究竟?"

子綦说:"大地发出来的气,叫做风。这风不发作则已,一发作则万种不同的窍孔都怒号起来。你没有听过长风呼啸的声音吗?山陵中高下盘回的地方,百围大树上的窍穴,有的像鼻子，有的像嘴巴，有的像耳朵，有的像梁上的方孔，有的像杯圈，有的像舂臼，有的像深池，有的像浅洼。

南郭子綦是庄子心目中的怀道抱德之人。他的形象就十分有意味，他已经达到形如槁木，

心如死灰，物我两忘，天人冥合的境地，这是一种得道后的存在形态和境界。

"吾丧我"指的是身心俱丧。"吾丧我"意味着心灵从肉体中的剥离与解放。肉体一旦被心灵所遗弃，这个没有灵魂的躯壳就是"形如槁木"。心灵一旦摆脱肉体的桎梏，这个没有了任何欲望的心灵，再不会被激情燃烧，正是"心如死灰"。

简单说来，针对人的身体与心智而言，庄子的立场是要做到"形如槁木，心如死灰"（《庄子·齐物论》），要让身体好像没有血气与欲望，并且让心智好像没有执著的意念。做到这一步，才可进入修行的领域。

听起来很玄虚，人和"天"、"道"合一，因为你心里面想的自己越多，从形到心越多的话，其实你就是一个越沉重的人，就是一个背着世界上各种各样的包袱生活的人，你永远不可能到那个孤峰顶上，不可能站在一个很高很高的地方。你只有把自己灭掉了，你才能站在一个很高很高的地方，这个时候你才发现自己从这个世界里面超脱出来了，超拔出来了，就像是在华山顶上的一种感觉，你把这个世界看得很渺小。此刻，你虽然没有去灭这个世界，其实你已经把这个世界给灭掉了。

值得注意的是，庄子在《齐物论》开头，由"吾丧我"引发开去，忽以"三籁"（即人籁、地籁、天籁）致问。初看，联系不密，给人以脱节之感，但细读之后，却发现这是庄子的有

第四章 《庄子·齐物论》——破除「我执」

意安排,因为"三籁"正是"吾丧我"的虚无心态的生动形象的注脚。其实,"三籁"只是三种不同名称而已,它们"道通为一"(《齐物论》),都具有"和而不唱"(《德充府》)、"不将不迎,应而不藏"(《应帝王》)的特点。

陈鼓应先生认为,将"丧我"中的"我"理解为偏执的我,似乎有失偏颇,值得商榷。如前所述,郭象、成玄英都认为"丧我"就是"忘我",不仅忘却"外",而且忘却"内";不仅忘掉"境",而且忘掉"智";不仅忘去"物",而且忘去"我"。《齐物论》里子綦隐机而坐,坐而忘,最后达到"形如槁木"和"心如死灰"的状态,而这种遗形忘心的状态,实际上就是指"吾丧我"。单一地讲"偏执的我"是就"心我"而言的,不包括"形我";也不是司马彪、俞越所说的"身",因为单一地讲"身"是就"形我"而言的,不包括"心我"。

"忘掉心我"和"忘掉形我"后的结果就是,达到"无己"的境界。在庄子看来,只有通过"坐忘",才能做到遗形忘知,才能与大道相通,才能达到心灵上混沌无知的状态和形体上物我(含物物)不分的境界,最终便可"独与天地精神往来"(《天下》),这就是"无己"的境界。

怎样才能做到"忘掉心我"和"忘掉形我"呢?在庄子看来,要想"忘掉心我"就必须"以明",而要想"忘掉形我"就必须"物化"。去私见,不自用,寓诸庸,一切"依乎天理,因其固然"(《养生主》),就是所谓的"以明",《应帝王》所云"至人之用心若镜"是也。庄子认为,只有"忘掉形我",才能进入到"天地与我并生,万物与我为一"(《齐物论》)的境界。而这是一种物我浑融一体的最高境界,即"未始有封"的境界。在这种境界中,物的大小、长短、成毁,人的贵贱、祸福、美丑,都是不存在的,都是相对而言的。

沈善增认为庄子说的"吾丧我",这个"我"既指特殊的"我执",又指一般意义上的我执;先说大我(吾),调动人修行的积极性,再去掉对小我的执著。庄子在某种程度上比儒家更深刻地看透了这个世界,对现实有深刻的洞察力,所以才能够选择守护内心的生活方式。人的六根都是向外攀缘的,眼睛看好看的,耳朵听好听的,鼻子闻香的……所以人的心也就被外缘牵着走。虽然我们每天都和自己相伴,却很少有机会自觉地面对自己。

《养生主》篇说,老聃死后,秦失前来吊唁,哭一阵就出来了。秦失对老聃的弟子说:"以前我认为你们都是得道之人,现在看来并非如此。刚才我进去吊唁时,看见有年长的哭他,像哭自己的孩子;有年轻的人哭他,像哭自己的父母。这是违反自然增加俗情的,忘记我们禀赋生命的长短,古人称之'逃避自然的刑罚'。应时而生而又顺乎自然而死,哀乐不进入身心,古人称这是自然的悬解。"

清代学者宣颖解释说:"人为生死所苦,犹如倒悬;忘生死,则悬解矣。"人生真有操不完的心!《外物》篇说,人过分忧虑陷入利害两端而无所逃避,蠢蠢不安而无所成,心像悬在天地之间,忧郁沉闷,利害相斗,内心焦灼不安,难免伤害了内心的和气,不能克制焦虑,于是精神萎靡而自然之理全失。正如庄子《田子方》篇所说:"哀莫大于心死,而人死次之。"《庄子》体会到的人生,是偶然的、外在的,不过是天地之气临时寄托而已。其来其去,人不能止,我们是"被""生"的,而不是我们"要""生"的;人生是被确定的,不是选择的;没有人能提前安排,也没有人能挽留。人"被"抛入天地之间,就像一阵风，来无影，去无踪，孤弱而无助。这种"被生"的异在感，是人生荒诞的体现，《庄子》称之为"逆旅"。什么是"逆旅"，通俗地说，就是"客舍"。为什么要用旅舍作比喻？旅舍不是"我"的，是店主的；旅舍不是永久居住的，是临时寄居的。苏东坡的《念奴娇·赤壁怀古》，一句"人生如梦，一樽还酹江月"，广为流传。既然如此，何必执假为真，不如遗形忘心。

佛语曰"佛心自现"，你看别人是什么，就表示你自己是什么。禅师心如佛，所以苏东坡看万物皆为佛。苏东坡所说的"我"，在佛学里是"假我"。

静下心来面对自己，"我"是什么？比起其他众生，我微不足道，死后一堆枯骨无异于蝼蚁。若不做灵性的提升，不利益他人，此生有何意义？"我"是不是一个自性存在的客体？分解以后我是四大五蕴。四大五蕴自性空，哪里有个我？"我"有这么宝贵，这么值得你去爱惜吗？

为什么我们会执假为真呢？因为我们生生世世在无明大海中生死轮回，紧紧抱着一个"我"，所以产生种种的"我见""我所""我有"，而不能超脱。佛家说人是由四大五蕴组合而成的，地水火风所构成的骨头、血肉、五脏、体温、血液……哪一部分叫做"我"呢？如果说受、想、行、识是我，思想能单独成为"我"吗？五蕴里找不到一个"我"，所以"我"是没有自性的。

禅一向以"不立文字，以心传心"相标榜，要求人们超越语言文字，透过种种现实的存在去把握人生的真谛。正如一捧清清凉凉的凉水，飘飘洒洒地落下，让人如醍醐灌顶，浇灭人们心头腾腾燃烧着的让我们痛苦不已的欲望之火、无名之火，恢复内心世界本有的清凉与寂静……

据《五灯会元》卷一记载，当年佛祖释迦牟尼在灵山聚众说法，手拈鲜花一朵，一言不发。众弟子面面相觑，不知其中奥妙，唯独摩诃迦叶领悟其意，发出会心的微笑，于是释迦牟尼便将这"直指人心，见性成佛"的道传给了他——禅就是这样在鲜花与微笑间产生了。

什么是禅呢？日本著名禅学大师铃木大拙说："禅是大海，是空气，是高山，是雷鸣与闪电，是春花，是夏日，是冬雪。不，它是这一切之上，它就是人。"佛祖为什么要拈花示众？为什么又一言不发？众人为什么又都面面相觑呢？在佛学家的眼里，一花一世界，一叶一乾坤，花既是可供观赏的自然物象，又是体现佛性的一种符号，拈花示众，即以暗示代替说教。

人生何其短暂，如流星之于夜空；生命何其卑微，如尘埃之于苍穹，而我们又何其短视，如盲人之黑天摸象。总以为今天很长，明天就是永远；总以为自己很高，登顶即为山峰；在有限的人生里极度挥霍，在浩渺的宇宙中肆意践踏；天地悠悠，生命短促，在高山上，在大自然之中，远离人寰，方知一切世俗功利的渺小。浩瀚宇宙，隐藏着无数的星球，只有在曲终人散之后，所有一切才会在时间中慢慢泯灭，直至无痕。空间的无限广大，时间的无始无终，让一切变得渺小而短暂。

我们每个人在最初来到这个世界的时候是没有自我观念的，随着我们的成长和与外界接触不断加深，有了"我"后，便有了我所欲望的产生，执一切为实用，于是我们变成了欲望的奴隶，为欲望所奴役和驱使，由烦恼的缠裹而认不清宇宙人生的真实真相。我们这个身体既如朝露又如泡影，存世长者不过百年而已。试看百年后"我"在哪里？不过是黄土一堆而已。

在真实的现实的生活中，生命是短暂的。时间和空间是无穷和无尽的,短暂的生命对人来说是虚幻和虚妄的假象。《金刚经》偈说:"一切有为法,如梦幻泡影;如露亦如电,应作如是观";《金刚经》非相偈说:"凡所有相皆是虚妄。若见诸相非相,即见真如"。这就是从虚幻的恐惧中,在虚妄的假象中,寻求生命的解脱以至无穷无尽的永恒。

人间囚笼

【原文】

　　一受其成形,不亡以待尽。与物相刃相靡,其行尽如驰,而莫之能止,不亦悲乎?终身役役而不见其成功,然疲役而不知其所归,可不哀邪?人谓之不死,奚益?其形化,其心与之然,可不谓大哀乎?人之生也,固若是芒乎?其我独芒,而人亦有不芒者乎?

【翻译】

　　人一旦禀受成形体,便要不失其真性以尽天年,和外物接触便互相摩擦,驰骋追逐于其中,而不能止步,这不是很可悲的吗?终生劳劳碌碌而不见得有什么成就,疲惫困苦不知道究竟为的是什么,这不是很可哀的吗?这样的人生虽然不死,但又有什么意思呢?人的形体逐渐枯竭衰老,人的精神又困缚于其中随之消毁,这可不是莫大的悲哀吗?人生在世,本来是这样的昏昧吗?难道只有我一个人这样地昏昧,而别人也有不昏昧的吗?

在庄子看来，身体与心智是人的两大囚笼。身体有感官，由此引发情绪与欲望，造成各种困境。庄子的观察是："一受其成形，不亡以待尽，与物相刃相靡，其行尽如驰，而莫之能止，不亦悲乎？"（《庄子·齐物论》）意思是：人承受形体而出生，就执著于形体的存在，直到生命尽头。他与外物互相较量摩擦，追逐奔驰而停不下来，这不是很可悲吗？这样的人，"其寐也魂交，其觉也形开，与接为构，日以心斗"（《庄子·齐物论》），意即：人们睡觉时心思纷扰，醒来后形体不安，与外界事物纠缠不清，每天勾心斗角。很明显，这样的困境可以推源于心智的偏差作用。

根据报道，二十四岁的罗炼，一位喜欢庄子的浏阳农村青年，南下珠三角打工五年，2008年中秋节从打工地出走，在月饼盒内留下纸条一张："终生役役而不见成功，苶然疲役而不知所向，讳穷不免，求通不得，无以树业，无以养亲，不亦悲乎！人谓之不死，奚益！"至今下落不明。

"终生役役而不见成功，苶然疲役而不知所向，讳穷不免，求通不得，无以树业，无以养亲，不亦悲乎！人谓之不死，奚益！"这句话来自《庄子》。认真读来，既让人心惊肉跳，又让人黯然神伤！许多类似罗炼一样的"农民工"，为了生计，还在外地奔波，他们经历了很大的挫折与苦痛，难以言说。农村一些有天赋、可造就的青年——比如罗炼，因家庭贫困只能极早辍学，极早走向社会。他的古文功底、才气、抱负和人生坎坷，让很多网友惊讶、叹息和难过。二十四岁外来工中秋节出走至今未归，两个多月来，工友、亲人不停地寻找罗炼，只有他身在湖南的老父亲还不知情。他是生是死，去了哪里，为什么离开，还会不会回来，至今成谜。罗炼在日记正文后还留下所指并不明确的三个词组八个字——"肮脏"、"混乱"以及"低俗不堪"。大抵这人世并非为人而设，求生存而又要守护脆弱的生命，多么艰难呀！庄子式的痛苦穿越时空，被罗炼再次感受到，这是一种悲剧！

　　与许多底层出身的农村青年一样，罗炼试图让梦想改变自己的命运，可是这个梦想和周遭的世界是如此格格不入，最终迎接他的就只是失败。这个在油漆车间里干活的农村青年居然沉浸在庄子的精神世界里，难道他试图让哲学来承载他的梦想？他何曾知道，乐于鼓吹老庄哲学的文人，大都是一些阔人雅人。他试图在劳累之余，从庄子的哲学里获得解脱，可惜等待他的只是无法直面的人生，庄子的逍遥无法拯救他，却给了他一丝安慰。罗炼无法通过考学改变卑微的命运，异乡谋生的困境和资源匮乏，导致打工致富的梦想离他很远，在剧烈转变的社会中，伴随他的只有惨淡的人生。石扉客不无难过地写道："在这样剧烈动荡又希望渺茫的现实中，越是心有梦想而存慧根，想守护着什么的人，越是自绝于这个环境"，所谓"越有梦越痛苦"。对于出身底层的农村青年，任何的精神追求，难道就是一种罪吗？浪漫，对于穷人来说是罪孽吗？越有梦越痛苦？这个社会已经残酷到读庄子的余闲也没有，痛哉！

　　庄子清楚地看到了文明进步带来的人的异化，"人为物役"，敏锐地意识到了异化对人身心的戕害，主张对人生采取超功利的态度。这就是说，只有忘掉自己肢体的存在，抛开自己的聪明，离开形体，去掉才智，才能与大道相通。只有这样，心灵才能得以解放，个体才能摆脱各种束缚，实现宇宙大我。在"坐忘"的境界里，特别强调要从生理的欲望和功名的欲望中解脱出来，超越任何内在外在的好恶、是非、美丑以及形体、声色的限制、规范，使精神如同身体一样，翱翔于人际界限之上，与整个大自然融合为一，这是使人的生活和精神达到一种不为外物所束缚、所统治的全面"无己"的自由境界。

这里"终身役役而不见其成功，然疲役而不知其所归"是庄子对社会与人生的深刻观察。人们劳碌终生，真的知道自己能否成功吗？真的知道自己的努力会有什么结果吗？这些问题，对普通人来说，可能是可笑的、多余的，可是，深入思考一下，我们每个人虽然都在按照自己的目标去行动、选择，但是众多不同人的活动却可能相互影响，而最终结果却往往不是任何一个人的设想。只有庄子这样冷静的观察者才会有这样的发现，也只有庄子这样的哲学家才会想到自己是不是真的清醒而不糊涂。庄子认为，不能实现自己行动的后果，不能主宰自己的命运，也就是没有个人自由，这才是真正的苦，真正的哀。在世俗的网络中，人们无法支配自己的命运，只有在纯精神的逍遥游式的享受中，才能体验到个体的自主。值得注意的是，庄子这里讲的不是个人或少数人不能实现自己的意志的痛苦。个别人、少数人不能实现自己的愿望，这是尽人皆知的。庄子的深刻之处在于指出所有人都不能真正实现自己的愿望。很多人自以为是按照自己的意志行动，而实际结果却并不知道、不能掌握，甚至事与愿违。庄子一方面不相信人格神的意志操控，另一方面也看到没有个人绝对的意志自由。这才是道家思想的深刻与沉重之处。

由此可以清楚地看出，庄子对人类在生命存在中受役于外物而并无自觉反省的实际情形感到切肤的悲悯，甚至在他看来，这样的生命根本就无所谓长短的问题，生命越是延长反而越是加重了人类个体存在的痛苦，相反，生命本身的存在意义却完全湮没在世间横流的物欲之中了。

禅是一种智慧,所以在禅师之中很多人在很小的时候就有很高的悟性,便已经可以被称为禅师了,神会就是这样的人。

十三岁时,神会便去参拜六祖慧能。慧能问他:"你从何处来?"

"无所从来。"

"何不归去?"

"无所来,也无所归。"

"那你千里迢迢地跋涉而来,带来你最根本的东西吗?"

"带来了,那就是我的生命本真。"

慧能又问:"那你岂不很辛苦?"

神会答道:"不,来来去去的只是肉身。生命是无住的,住就不是生命,见就不是本性。"

慧能对他的回答很是满意,就有了收徒之心,会心一笑。

是啊,来来去去的只是肉身,臭皮囊而已!清代皇帝顺治曾说,自我认识未曾生我谁是我?生我之时我是谁?来时欢喜去时悲,合眼朦胧又是谁?其实,最难认识的就是我们的生命。

醉心于功利,便被"名缰利锁"缚住,斤斤于褒贬毁誉,必会患得患失。野心勃勃、贪得无厌、争权夺利、勾心斗角,哪一个不是伴随烦恼焦虑、忧愁惊恐、嫉妒猜疑?重要的是自我解脱,而不是求人解脱。

一个和尚问曹山禅师:"什么是你一生中最贵重的东西?"

曹山禅师抬眼远眺,只见远处的树枝桠上挂着一团黑色的东西,于是说道:"死老鼠的头最珍贵!"

和尚不解地问道:"为什么呢?为什么世人认为不值一钱的东西,禅师竟认为是人世间最贵重的?"

曹山笑着说："樗树根大枝弯，世人因为看它无用，它便得以生存；栎树虽然一表树材，但是做船船沉，做棺腐朽，造器具即折毁，当屋柱生蛀虫，完全没有用处，唯一有用的就是可以用来乘凉。正是因为它们无用所以才珍贵！死老鼠最贵，因为没有人出价争夺，也没有人出得起性命的价钱啊！"

死老鼠看来是最没价值的，正因为如此，谁能用价值来衡量呢？这就是看似无用却有大用。禅宗祖师们告诉我们，只有解脱所有束缚，扫除所有名利的浮云，才能自由安心地徜徉在禅的晴朗天空下。

世人贪逐名利，你欺我骗，斤斤计较成败得失，人生本来就不易，何必在乎许多？一串珍贵的珠宝，勾得多少人争夺？一方官印，引起多少干戈？解脱全靠自己，没有谁束缚你，缰绳是你自己捆绑上的。

把生命都耗费在名利上，到头来只能是一场空；世俗无价值的清闲自在是生命的至宝，使我们不会感到空虚，不受世俗伤害，看到生命的本源，找到人生的快乐。

生命的最高境界，应该是无争、无价、安宁、幸福。财色与名利只不过是人生的泡沫与灰尘，何必抵死相争？

人间的囚笼，不仅表现在身体的不自由，更表现在心灵的不自由。

有一个人在他二十岁时被人陷害，在牢房里呆了九年。后来冤案告破，他终于走出了监狱。出狱后，他总是年复一年日复一日地反复控诉、咒骂。时间过得很快，那个被陷害的年轻人转眼已经人到中年，在贫病交加中，想想自己的一生，他感到十分不幸，想得到解脱的他找到一位禅师。

禅师知道他的情况后，让他问自己有没有悔过之意。他不以为然:"我没有什么需要忏悔,我需要的是诅咒,诅咒那些使我命运不幸的人……"

禅师听后问道:"您受冤屈在监牢里呆了多少年?离开监狱后又生活了多少年?"

中年人恶狠狠地将数字告诉给禅师。禅师听后叹口气回答说:"你真是世上最不幸的人,他人用监狱囚禁了你九年,而你心底的仇恨、抱怨、诅咒却囚禁了你这么多年!当你走出监牢本应获取永久自由时,你的心却被客尘障蔽,难现本性。"

我们就像那个受陷害的年轻人,就算我们的身体没有被监狱囚禁,却也被自己的种种心事所蔽。过多的担心烦恼只会让我们失去更多的快乐源泉,平和而单纯的心境才是快乐的真谛。让你的心多一些纯净,少一些妄念,以一颗真心、净心去感悟一切,把生活看透、看穿些,把日子看平、看淡些,你会找到更多快乐的源泉,而你也会变得心平气和,随事而乐。

为了生存而奔波忙碌无可厚非,但因为忙碌而迷失自己的心就不对了。庄子说:"今子有大树,患其无用,何不树之于无何有之乡,广莫之野,彷徨乎无为其侧,逍遥乎寝卧其下。不夭斤斧,物无害者,无所可用,安所困苦哉!"

"心"的迷失

【原文】

　　大知闲闲,小知间间;大言炎炎,小言詹詹。其寐也魂交,其觉也形开;与接为构,日以心斗:缦者,窖者,密者。小恐惴惴,大恐缦缦。其发若机栝,其司是非之谓也;其留如诅盟,其守胜之谓也。其杀若秋冬，以言其日消也；其溺之所为之，不可使复之也；其厌也如缄，以言其老洫也；近死之心，莫使复阳也。喜怒哀乐，虑叹变，姚佚启态。乐出虚，蒸成菌。日夜相代乎前，而莫知其所萌。已乎，已乎！旦暮得此，其所由以生乎！

【翻译】

　　大知广博，小知精细；大言气焰盛人，小言则论辩不休。他们睡觉的时候精神交错，醒来的时候形体不宁，和外界接触纠缠不清，整天勾心斗角。有的出语迟缓，有的发言设下圈套，有的用辞机谨严密。小的恐惧垂头丧气，大的恐惧惊魂失魄。他们发言好像放出利箭一般，专心窥伺别人的是非来攻击；他们不发言的时候就好像咒过誓一样，只是默默不语等待制胜的机会；他们衰颓如同秋冬景物凋零，这是说他们一天天地在消毁；他们沉溺在所作所为当中，无法使他们恢复生意；他们心灵闭塞如受缄縢束缚，这是说愈老愈不可自拔；走向死亡道路的心灵，再也没有办法使他们恢复活泼的生气了。他们时而欣喜，时而愤怒，时而悲哀，时而快乐，时而忧虑，时而嗟叹，时而反复，时而怖惧，时而浮躁，时而放纵，时而张狂，时而作态；好像音乐从虚器中发出来，又像菌类由地气的蒸发而成一样。这种种情态日夜在心中交侵不已，但不知道它们是怎样发生的。算了吧！算了吧！旦暮之间，岂能找出这些情态变化所以产生的根由呢！

　　庄子看到，欲望以掠夺为手段，贪婪而不顾一切地追求自身的满足，从而造成了罪孽。人们之间因为利益的斗争，使得人心变得比山川还要险恶,比预测天象还要困难。人的心智拥有认知、判断、选择等功能,但是它很容易陷于"区分"的层次。在庄子看来,人生百态,免不了"与接为构,日以心斗",人们陷溺于自己的追求之中而不能自拔,"不可使复之也"。"喜怒哀乐"等变化"日夜相代乎前,而莫知其所萌"。人们无法成为自己行为的主人,无法控制自己行为的后果。这是庄子要追求超脱现实的自由的根本原因。

"心"的迷失表现在一张一弛之间,只有紧张与不安。"心"的张弛原因何在?就在于心里藏有成心的作用。成心就是一己之私。齐物的目的就是破除成心,达到心的逍遥。

人要是没有"成心",也就不可能有"是非",正是有了"成心"后才有"是非",而有了"是非"也就不可能对事物做出客观公正的评价。但"是非"又是相对而言的,从这个角度看它可能是"非",但从另外角度看它又可能是"是"。儒墨双方正由于受到各自的主观偏见影响,因而无法对事实真相作出正确的判断,其结果只能是"同于己者为是,异于己者为非"。"是非"之所以不可明辨,是因为"成心"而不明大道。如何才能破除这种"成心"呢?在庄子看来,要破除"成心",泯灭"是非",就必须通过"以明",让一切都"照之于天",从而达到"忘掉心我"的境界。故《齐物论》说:"欲是其所非而非其所是,则莫若以明。"又说:"是亦彼也,彼亦是也。彼亦一是非,此亦一是非。果且有彼是乎哉?果且无彼是乎哉?彼是莫得其偶,谓之道枢。枢始得其环中,应无穷。是亦一无穷,非亦一无穷也。故曰:莫若以明。"

然而什么是"以明"呢?去私见,不自用,寓诸庸,一切"依乎天理,因其固然"(《养生主》),这就是所谓的"以明",《应帝王》所云"至人之用心若镜"是也。

二祖慧可为了表示自己求佛的真心，挥刀断臂，拜达摩为师。

有一次，他对达摩祖师说道："请师傅为我安心。"

达摩当即说："你把心拿来。"

慧可不得不说："没法找到。"

达摩开导他说："这就对了，能找到的了，那就不是你的心了！我已经帮你安好心了，你感觉到了吗？"

慧可恍然大悟。

几十年以后，僧璨前去拜谒二祖慧可，说："请求师傅为弟子忏悔罪过。"

二祖慧可想起了当初达摩启发自己的情景，微笑着对僧璨说："你把罪过拿来。"

僧璨说道："我没法找到罪过。"

慧可便点化他说："现在我已经为你忏悔了！你感觉到了吗？"

僧璨恍然大悟。

又过了许多年，一个小和尚向三祖僧璨求教："如何能解除束缚？"

僧璨当即反问："谁在束缚你呢？"

小和尚脱口而出："没有谁来束缚我呀！"

僧璨微微一笑，说道："那你何必再求解脱呢？"

小和尚豁然领悟。他就是后来中国禅宗第四祖道信。

禅心一悟，就进入极乐世界，也就成了佛。有几句禅诗说得好："佛在灵山莫远求，灵山只在汝心头。人人有个灵山塔，好向灵山塔下修。"

禅释庄子

真正的"放下",才能从生活的桎梏之中解脱出来。一切功名利禄都是过眼烟云,得而失之,失而复得的情况都是经常发生的,要意识到一切都可能因时空转换而发生变化,就能够把功名利禄看淡、看轻、看开些,做到"荣辱毁誉不上心"。

白云和尚拜访杨岐禅师。

杨岐问白云:"你的老师是哪位?"

白云答道:"是茶陵和尚。"

杨岐问道:"我听说他过桥时豁然醒悟,作了一首有名的偈,你还记得吗?"

白云说:"当然记得。"立刻流利地背诵起来,"我有明珠一颗,久被尘劳关锁。今朝尘尽光生,照破山河万朵。"不料白云背完,杨岐竟哈哈大笑,一句话不说,就走掉了。

白云非常郁闷,心想,难道我背错了,他为什么如此嘲笑我?整晚上闹心,睡不着觉,第二天天一亮就连忙去找杨岐禅师问个究竟。

杨岐回答说:"昨天你在市场上看到一位耍杂耍的小丑吗?"

白云回答说:"看到了!"

杨岐说:"你不如他呀。"

白云纳闷:"为什么?"

杨岐点拨:"他喜欢别人笑,而你呀,怕别人笑。"

白云恍然大悟,"明珠一颗"就是禅心。

"今朝尘尽光生,照破山河万朵",就是以禅清心的境界。白云显然还未能进入这个境界。清净心就是庄子所说的"不动心",也就是面对大千世界、滚滚红尘的种种诱惑和刺激,灵魂保持纯净,精神不受污染,防止庄子所说的"形为物役",防止我们成为虚名浮利的奴隶。这个说起来容易,做起来何其难哪!

佛经中常提到"心是恶源，形为罪薮"，这是从执著、分别、无明的角度而言。心是罪恶的来源。没有修行的凡夫，心是恶的；看到名、利、财、色就不断追求，这是没有经过训练的缘故。但是另一方面，祖师大德也有"是心是佛"、"是心作佛"的说法，意思是成佛的也是这个心。我们的心，亦即我们的本性，本来就是光明、圆满、具足大智慧的，所以佛教认为心、佛、众生三无差别，人人皆可成佛。

为人处世最重要的是心态的调整，这不是依靠平时处事有技巧就能够解决的问题，不妨采用另外一种视角，调整心态，可以抛开"我"的角度，做到对事不对人。这样做的时间长了，你就会发现随着自己心态的改变，周围的小环境也会发生相应的改变。六祖慧能大师说："佛法道性在世间，不离世间觉，离世觅菩提，恰如求兔角。"佛心道性就存在于生活之中，它们无时不在，无处不有，存在于吃饭着衣、担柴挑水等日常生活中。

凡夫的心灵世界，在这繁杂的都市中，已经波涛汹涌，因为有七情六欲在推波助澜；心境也是纷扰不安，因为它的不断攀援和执著。一个在烦恼中不能空悟、不能解脱的人，实际上切断了自己的心源，让一切思想和行为流入滞塞和凋蔽中，最终在生命的干枯中暴露了灵魂的愚顽、丑陋和智慧的浑浊、僵死。人生在世如身处荆棘之中，心不动，人不妄动，不动则不伤；如心动则人妄动，伤其身痛其骨。人与佛密不可分，放得下、舍得开的人就是佛。许多得与失也就在一念之间。以出世之心对待入世之事，会让人生开阔许多。

我们的"住"太多，住色生心、住声生心，生妄想心，生执著心，生贪心、嗔心、无明心，人世间有无数尘劳烦恼，我们总往心里装，那清净的真心自然不能证得。虽然我们不能像慧能一样当下顿悟、开化，但我们却可以要求自己做一个"与人无争，与世无求"的人！如此一来，我们就会用心看世界，不会迷失在人生的大路上。

破除"我执"（开始）

【原文】

予恶乎知悦生之非惑邪？予恶乎知恶死之非弱丧而不知归者邪？丽之姬，艾封人之子也。晋国之始得之也，涕泣沾襟，及其至于王所，与王同筐床，食刍豢，而后悔其泣也。予恶乎知夫死者不悔其始之蕲生乎！

【翻译】

"我怎么知道贪生不是迷惑呢？我怎么知道怕死不是像自幼流落在外而不知返回家乡那样呢？丽姬是艾地守封疆人的女儿，当晋国刚迎娶她的时候，哭得衣服都湿透了；等她到了晋王的宫里，和国王同睡一床，同吃美味的鱼肉，这才后悔当初不该哭泣。我怎能知道死了不后悔当初不该恋生呢？

在庄子那里，这不是一个值得关心的问题，在他看来，大小、高低、贵贱都是相对的，仅仅是人类的成见，标准不同则结论不同。他认为固执己见、自行其是的人是很可笑可悲的人。

人生充满着吊诡、不确定性。庄子提的"我是谁"的问题，这是一个值得思考的问题。从人的身份、年龄、性别、职业、种族、文化或其他社会关系来认识人，这是一个难题。

"夫随其成心而师之，谁独且无师乎？"庄子的"成心"，当可理解为成熟的人格结构，它决定了每个人面对新的生活情境时的态度或反应方式，但大多数人的"成心"都是未经反省的自我，所以常常自以为是。庄子的提问，就是要打破世俗的迷梦。

庄子以为海洋是滴水的世界，滴水也是细菌的海洋；蜗牛在人类眼里虽然微小，但蜗牛的触角上却未必不是某些生物的泱泱大国。人类虽然自以为建成了灿烂文明，而在更高级的生命眼里，却未必就比一群细菌更加高明。那么，人类怎样才能实现真正的逍遥？只要你放下成见，安详无欲，明白自然而然的道理，你的智慧就会启蒙，你就会发现真像佛经中说的那样，你自己就是佛。庄子的说法是，你自己就是道。

《五灯会元》卷三记载了这样一个故事：

有僧人问："对一切外境，如何能使自己心如木石一无所动呢？"

百丈禅师说："世界上的一切事物，本来不曾有所谓'空无'，也无所谓'实有'，不存在什么是非垢净，也非故意来束缚人的思想，只不过是人偏偏妄自执著算计，要按自己的意思做出若干种解释，起若干种知见，又生若干种爱畏喜恨之心。只要能悟到一切事物本来没有种种分别，分别知见不过是从人的一念中妄想颠倒，执取外相中生出来的，这样就会心与境不相干扰，心灵才会得到解脱。

只有聪明一时的人，会被外境束缚，心中时刻会生出种种分别、计较、知见以及执著，并固执地认为自己就是对的，自己无比的精明。然而，这样做只会使那心灵如蚕一样，不停地被自己吐出的丝所缠绕、束缚住，直到再也透不过一丝光亮。

一般人的生命，根本就不属于自己，完全随着环境在团团转，为了别人的错误而自我折磨。所谓烦恼都是自家生，你的痛苦、悲伤、忧虑、烦闷皆是你自心对这些问题的一种执著，别人无法左右你心灵的选择，苦与乐完全在你一念之间，选择权在你，别人根本无能为力。

禅宗自六祖以来，一直要求僧人破除对自身、外界的贪执，以求六祖本身即缘、"应无所住而生其心"之大悟，并提出"无念"、"无著"、"无相"、不著一切法。其后由祖师禅至分灯禅，虽然在接济人的方法上、一些枝叶问题上有区别，但破执这一基本作用未变。马祖要求"平常心是道"，赵州说"内无一物，外无所求"，百丈怀海说"先歇诸缘休息，一切诸法，莫记忆，莫缘念……放舍身心，令其自在……心如木石，无所辨别，心无所行，心地若空"，从根本上要求人们"放下一切"。只有破除对人相我相众生相的一切执著，才有可能在最后关头突破思维极限，证悟佛法，得道解脱。

禅宗强调心灵的修炼，认为"万物皆由心生"，"心外无物"。我们总是执著于外界的现象而忽略了自己的内心，而现代社会的很多问题的产生却又偏偏出自于我们的内心。在现代社会，做事情要用"唯物主义"，要实事求是；放松自己、修炼心灵却不妨用点"唯心主义"。

过于"唯物"，则物欲横流，心灵枯竭；过于"唯心"，则流于玄妙虚无。禅宗以其既关注心灵，又专注生活，而成为一种特殊的智慧。

什么是"我执"？就是对"我"的执著，凡事都以"我"为中心，以"我"为优先，只想到自己的利益，或是家人的利益，对事情的态度也一样，都是坚持自己的意见，所以很容易与人冲突、发生对立，而这正是造成人间无法安宁、不能和平的原因。

"我执"存在于意识，是指自己的偏见和想法。人，就是太执著于"我"的存在，才会发生利害冲突，若是能凡事看得开、放得下，就做到"无我"，也就是"空"，如此便不会有得失的痛苦，也不会有烦恼，而那颗本自清净的本心，也会自然生起。

惠施和庄子二人在安徽凤阳的濠水桥上玩。他们靠在桥柱畔，俯望水中游鱼，空气新鲜，视野辽阔，悠闲无事，人生如此岁月，还有什么不满足的！

庄子微微笑着说："这些鱼出游从容，真是鱼儿的快乐呀！"

惠施心头有事，没有这份共鸣，故意唱反调："你不是鱼，安知鱼很快乐？"

庄子也不甘示弱，顶了回去："你又不是我，安知我不懂鱼的快乐？"

惠施存心倔强到底，冷静地推理："我的确不是你，所以不知道你的感受。可是你也不是鱼，照样也不知道鱼儿的感受。这二者是完全一样的！"

庄子不服输地说："喂，请回到刚才的话题吧！你说'汝安知鱼之乐？'这么说，表示你已经知道我知道鱼之乐了，才要问我。哼！我是在濠水桥上知道的！"

惠施太执于事物表象，以逻辑推理来分析游鱼，的确有些格格不入。

放弃自我，真我就出现了；放弃有限，就会赢得无限；放弃法执，就可得到内心的安详。开悟就是破无明，无明破了，就是开悟。无明是什么东西呢？就是我执、法执。《成唯识论》上说:"人我执中即有法我,人我必依法我起故。"我执是从身上起执著,法执是从法上起执著。由于自心污染、暗昧,处处以"我"为中心,便产生了各种烦恼、迷惑。

这就是"我执"。虽能了达"人我"是空,却固执一切诸法,不能了达一切事事物物都是随着客观条件的变化而变化。这就是法执。我法二执产生种种烦恼:贪、嗔、痴、慢、疑、身见、边见、邪见、见取见、戒禁取见。由此十种烦恼又可产生无量无边烦恼。

"我执",就是指人无法彻底了解自己。在佛禅看来,这是很严重的一种心灵病态,所以对种种有关于"我"的事物产生错觉,认定为是我所拥有,是我的,因而过分执著,以至于捆绑束缚了自己。禅宗启示我们,想要少忧少烦,应先学着不被"我"所骗,学着在烦恼中调伏刚强的贪、嗔、痴心,化去我执,自得平安。

《楞严经》认为众生"迷己为物,失于本心,为物所转"。在人为了物质生活而迷失己心,丧尽天良。转物为法,转识为智,在人内心深处的心理"意象"中,破其"我执",是般若波罗蜜的般若智慧,犹如滴水回归大海,涅槃寂静,将生死视为宇宙大化的自然演化嬗变,生命造化之"种神"的随机化生,随遇而亡。

心,就是制造一切法的根源,制造快乐就会有快乐的感觉,制造烦恼就会有烦恼的感觉;放下就会心安,不放下就会提心吊胆!

所谓"放下",不是要我们将家庭、事业、父母、小孩统统丢掉,也不去关心生活中所遭遇的一切人和事,如同木头一般。

放下,就是要我们放下"执著"。在挂碍中放下,在贪恋中放下,在"有执著"中放下执著。因为心有执著,就会困在里面,想到"钱"就困在"钱"里,想到"情"就困在"情"里,心的每一个起心动念往往都被自己的感受和想法"绑"住了。如果始终固执在这些自我的感受和想法中,往往就会给我们带来许多的痛苦和矛盾。

《心经》云:"心无挂碍。无挂碍故,无有恐怖,远离颠倒梦想,究竟涅槃。"怎样才能"心无挂碍"呢?就是以"缘起性空"观照自己的生活,了知诸法本无自性,并以"止观双运"时时训练我们这颗心,将"空性"引导入我们的生活当中,放下执著,不要用"自以为是"的感觉去分别。如果我们的心能够松弛、包容、不在意、不计较、不攀缘任何外在现象,心就会很坦然地属于自己,此时才能感受自己内在的那份明朗,"吃饭的时候就是吃饭,睡觉的时候就是睡觉",随时随处体悟自己当下的真实,不去追忆过去,不去妄想未来,这种当下的真实感受,就是生活的真品味!

一个人没有放弃自己的主观精神作用,这便是"我执"的"妄想、分别"。客观存在的物质世界及其规律,只不过是幻觉,所以也必须破除"法执"。如果能放下"我执"和"法执",则同佛法相近。放弃自我,真我就出现了;放弃有限,就会赢得无限;放弃法执,就可得到内心的安详。

我们时常要自醒自悟:生命是有限的,我能否让有限的生命进入到无限的境界之中?物欲是有限的,我能否不再感受物欲留下不朽的精神?本我是有限的,我能否去掉本我换得超我的存在?负重是有限的,我能否不再负重,感受到放下的喜悦?

每一个人的念头、想法其实都是妄念。只有我们放下所有执著时,对世间的万事、万物才可能有一颗宁静的心。如此一来，你就不用为任何事情担心，对任何事情感到恐惧，没有罪恶或自责，更没有悔恨与期待。这样一来你就可以悟到佛法，明白佛法是让人悟本性，并以本性看问题。如此一来你对世间的万事万物都不会再有迷惑和不理解。

以"道"观之

【原文】

　　物无非彼，物无非是。自彼则不见，自知则知之。故曰：彼出于是，是亦因彼。彼是方生之说也。虽然，方生方死，方死方生；方可方不可，方不可方可；因是因非，因非因是。是以圣人不由而照之于天，亦因是也。是亦彼也，彼亦是也。彼亦一是非，此亦一是非，果且有彼是乎哉？果且无彼是乎哉？彼是莫得其偶，谓之道枢。枢始得其环中，以应无穷。是亦一无穷，非亦一无穷也。故曰：莫若以明。

【翻译】

　　世界上的事物没有不是"彼"的，也没有不是"此"的。从他物那方面就看不见这方面，从自己这方面来了解就知道了。所以说彼方是出于此方对待而来的，此方也因着彼方对待而成的。彼和此是相对而生的，虽然这样，但是任何事物随起就随灭，随灭就随起；刚说可就转向不可，刚说不可就转向可了。有因而认为是的就有因而认为非的，有因而认为非的就有因而认为是的。所以圣人不走这条路子，而观照于事物的本然，这也是因任自然的道理。

庄子认为任何东西都有其"局限性"。这里的"局限性"是相对于世俗眼光来说的，人们都是以世俗实用之眼光来评价利用物品，因此，有些东西的局限成为其优点，有些则成为其"无用"的标志。但是庄子认为，在世俗眼光看来的局限或无用不是真的无用，修道之人要善于去发现和利用其有用之处。如葫芦和大树的例子（参见《庄子·逍遥游》），葫芦和大树都是一定的，以世俗眼光来看，它们都不符合利用标准，但是庄子认为，在客体一定的情况下，我们要变换人的思维方式去利用客体，而非以客体为标准，只要利用得当，任何东西都可以有助于得道。

庄子反对确定性，一旦确定就代表着否定。"故分也，有不分也"，天下事理有区分就有不能区分的成分，要想通过分来认识事物，那也只能认识一部分。从某种意义上说，认识的越多，没有认识或不能认识的也就越多。

庄子认为道存在于一切事物中，使一切事物消除了差别与对立，世间一切矛盾对立的双方，诸如生与死、贵与贱、荣与辱、成与败、大与小等都是没有差别的，甚至我与非我之间的差别也不存在。每个事物都站在自己的角度看待这个世界，都以己为此，以他为彼，因此有了是非彼此的争论。

与"齐物"相反的状态就是"分"，在现实中表现为是非之辨与善恶之别。庄子认为"分"是世间一切混乱的根源，因为"分"意味着局限性、确定性，而这种暂时的以不确定的标准确立的分别，是违背最终的道的。"分"是大道破坏的根源，因为"分"，产生了是非，产生了偏好，产生了优劣之差，智愚之别，甚至产生了盗。

分就意味着先后、优劣、等级，而在庄子看来，世间万物都是一个整体的一部分，纳入统一的整体，都在发挥作用，一旦分化，不同的标准就产生，不合这些表面标准的事物就会被弃，尽管在最终标准——道来看，没有什么事物是没用的。

齐物泯是非，就是反对任何划一的生活模式。世俗好争，但争执的结果不一定就是非分明。从逻辑上讲，如果答案是唯一的，正确者的对立面必定是错误。但反对一种错误，不一定就意味着正确。庄子对人"知"的能力表示怀疑。文中啮缺与王倪对话时，王倪用三个"吾恶乎知之"来回答啮缺，并通过一系列的分析向我们说明"知"的不可能，而"至人"已超脱生死，并不去计较这些小问题。"至人"是一种道的化身，是完满的、没有从道中分离的原初状态，而庄子认为是非、仁义这些外在于道、外在于人性的东西阻止了人向"至人"的进路。

惠施与庄子濠梁之辩的核心在于：惠施割裂了人与外在世界的联系，认为人与人、人与物（鱼）无法相互沟通；而庄子则认为人与人、人与物是可以相互沟通的。庄子濠梁之辩的基础是他的齐物论，所谓"齐物"就是取消物我、彼此、是非之间的界线与差异，达到"天地与我并生，万物与我为一"的精神境界。一个没有物我、彼此、是非的世界，就是庄子理想中的大同世界。

在庄子看来，尽管现实事物千形万状，但站在"道"的高度来看，根本就不存在区别。庄子在文中将儒、墨、名家等各家视为各自是而非彼，偏执一端，所以应"齐"在大道的观照之下。庄子认为儒墨各囿于成见，而欲破除彼等之成见，则唯有以虚静之心观照。怎样才能做到"忘掉心我"和"忘掉形我"呢？在庄子看来，要想"忘掉心我"就必须"以明"，而要想"忘掉形我"就必须"物化"。庄子积极地寻求真正的生命出路，其精神上的超越把作为主体的人从生命困顿中释放出来，在内化中与道合一，通过"心斋""坐忘"，通过虚静达于自由之境，其关注的落脚点仍在个体生命价值的实现。

张岱年先生认为庄子有相对主义思想，但最后则归结为以"体道"为最高境界的神秘主义。在庄子看来，认识主体在对客体进行认识活动之前，已经带有主体自身的想法和判断标准，即庄子所谓的成心。在这一基础上，每个人对认识客体的判断都会有一套自己的标准。庄子用其本体"道"填平了事物是与非之间的鸿沟。庄子认为人们的是非观念往往来自自己的"成心"，这样就会因对他人、他物无所知而把自己的意见当作正确的，所以是非标准是不固定的，甚至没有统一的是非标准。即便很多人甚至所有人都同意了你的意见，你就一定是正确的吗？往往作出与实际不一致的结论，有时候集体蒙蔽或愚昧是更可怕的。庄子是用一种宇宙大眼光来看待万物，认为人、鱼、鸟、兽各自有不同的感觉和习惯，这些能否相通，我们不得而知。

在一个日朗风清的春天，夹山善会禅师带着一群弟子游山。

众人都在游赏，一个学僧却在皱着眉头苦苦思索。

夹山问他："大家都在观景，你在想什么呢？"

学僧向夹山作了一礼："弟子想请教老师，究竟如何是道？"

夹山指着天空说："你抬头看看，太阳耀眼，万里不挂片云，那不是道吗？"

学僧向空中看了看，被太阳照得眯起眼来，但还是什么也没有看到，摇了摇头说："弟子不懂。"

夹山叹了口气说："清清之水，游鱼却不知是身在水中。你就是这样呀!"

这个学僧虽然在苦苦思索道的问题,却是钻入了牛角尖,把"道"越想越窄了,夹山禅师不得不以眼下目前的广阔景象为他打开视野。

你看那空中艳阳高照,万里无云,虽然没有轨迹,但是鸟往哪儿飞都可以。你也是呀,你举手投足,行住坐卧都是道,每日就行于道中,却日用而不知,这不就像那清水之中的鱼一样吗?

人不应该舍弃自己内心的灵山,而应该向自我的内心去提炼自性的宝藏。"佛在灵山莫远求,灵山就在你心头"。

《五灯会元》上说:世尊于灵山会上,拈花示众。是时众皆默然,唯迦叶尊者破颜微笑。世尊曰:"吾有正法眼藏,涅槃妙心,实相无相,微妙法门,不立文字,教外别传,付嘱摩诃迦叶。"然后把平素所用的金缕袈裟和钵盂授与迦叶。这就是禅宗"拈花一笑"的典故。这"拈花一笑"与孔子的"目击道存"实在有异曲同工之妙。其二人的一叹一默,一酬一唱,恰到好处,可谓是暗合妙道,弄得局外人根本不知其所以然,有点莫名其妙的感觉,唯独二人最为清楚。道,是离心缘相、离文字相、离言说相的。开口便错,举念即乖,实在是没法用语言文字可形容,只可意会,不可言传。

有个年轻人有诸多的烦恼和痛苦缠身。

年轻人问佛:"我为什么会有烦恼和痛苦?"

佛说:"人生的三大烦恼:妄想、分别与执著。"

年轻人问佛:"怎样才能无忧无虑呢?"

佛说:"如果你不给自己烦恼,别人也永远不可能给你烦恼。因为你自己的内心,你放不下。放下过去的不快之事,不妄想于未来，不分别于对立，不执著于现在，人生即可无忧无虑。"

年轻人似有所悟。

佛接着说："当你快乐时，你要想，这快乐不是永恒的；当你痛苦时，你要想，这痛苦也不是永恒的。除此之外，你还要知道宽恕众生，放过自己。不宽恕众生，不原谅众生，是苦了你自己。你永远要宽恕众生，不论他有多坏，甚至他伤害过你，你一定要放下，才能得到真正的快乐，这也是最为善待自己的方法。"

年轻人说："感谢佛祖的启示。我明白了，原来烦恼和痛苦都是自找的啊！"

佛笑了。

以"道"观之，相由心生，人生的一切烦恼和痛苦也由心生。佛说："用清净之心看世间，世间即清净；用解脱之心看世间，心即解脱。"

佛教常把污染我们心灵的杂念喻为尘埃。庭院不常扫，就不会有一个干净的地面，而一个人若不常清扫自己的心境，久了，五欲中的"财、色、名、食、睡"就会在心灵上、思想上积污沉垢。《华严经》上说，清净的水器，会映现物影，但是破器、浊心的众生，则无法显出如来佛祖的身影。清净之水如镜，当然可以彰显万物，但是破了的水器无法容水，浊了的心，也看不到自己的容颜，当然就见不着自性的光明了。

心静下来之后，就开始静观万物的变化，从中发现规律。"道"就在万物之中，"道"就是万物，所以老子说"万物并作，吾以观复"。天地万物都处于运动变化之中，宇宙是一个动态的世界，运动变化一刻也不会停止。所有的运动变化都体现为产生、发展、衰病、死亡的过程，周而复始。一个人出生的那一天,是生命开始的第一天,也是走向死亡的第一天,死亡的那一天,也是走向新生的那一天,所谓"方生方死"、"方死方生",天地万物都不能逃脱这一宿命。

一个人只要能参悟大"道",他的思维就能与天地万物融为一体。以"道"观之,现世的欲望、喧嚣浮华抛尽,天穹苍茫,风清月明,聆听"明月松间照,清泉石上流"的意境,"蝉噪林逾静,鸟鸣山更幽"的空灵,让心灵的尘垢在自然的吟唱中涤荡,身心清朗,通透。修"道"悟"道"的目的是什么?是为了要认识规律,与"道"同在。与"道"同在,才能胸罗万象,才能更好做事。

融化为一

【原文】

昔者庄周梦为蝴蝶,栩栩然蝴蝶也,自喻适志与!不知周也。俄然觉,则蘧蘧然周也。不知周之梦为蝴蝶与?蝴蝶之梦为周与?周与蝴蝶则必有分矣。此之谓物化。

【翻译】

从前庄周梦见自己变成蝴蝶,翩翩飞舞的一只蝴蝶,遨游各处悠游自在,根本不知道自己原来是庄周。忽然醒过来,自己分明是庄周。不知道是庄周做梦化为蝴蝶呢,还是蝴蝶做梦化为庄周呢?庄周和蝴蝶必定是有所分别的。这种转变就叫做"物化"。

醒了的庄周是否蝴蝶之梦？庄周乎？蝴蝶乎？孰为庄周？孰为蝴蝶？梦魇式的转换使一切变得扑朔迷离。庄周有庄周的梦，蝴蝶有蝴蝶的梦。人们的自以为是，彼此相非，何尝不是一场自以为觉的梦？

庄周梦为蝴蝶，就只感觉到蝴蝶存在，醒来则存在的仍是庄周，那么庄周和蝴蝶到底是谁存在？抑或都不存在？生命的消逝如此荒谬，生命存在就颇值得怀疑。

认识人生是一场梦境，而且不必清醒地判断是非祸福、升沉荣辱，那么这梦境便是庄子的蝴蝶之梦。尊重外物和自然，跳出自我局限，客观地看待自我世界和客观世界，冷静地分析两者之间的关系，不以物喜，不以己悲。庄子在幻化为蝶那一刹那，并不是混沌的迷惑状态，而是精神境界升华的结果，"庄生晓梦迷蝴蝶"中的"迷"不是迷离、不清醒的意思，而是一种物我同一，与自然浑然一体的自由逍遥的体验！庄子认为，只有"忘掉形我"，才能进入到"天地与我并生，万物与我为一"的物我浑融一体的境界。"物化"理解为"物我界限消失，万物融化为一"。这"界限消失"、"融化为一"，庄子通过"忘掉形我"，即"物化"泯灭物我界限，浑融一体，才不会主观地去分辨事物，才能顺任事物的本然状态，才能不"为物所役"而进入到"万物与我为一"的混沌的无差别的境界。而人一旦进入这一境界，就可以避免与外物发生矛盾和冲突，就可以避免受到外物的伤害，就可以"游心于淡，合气于漠，顺物自然而无容私焉"。(《应帝王》)

齐物是"破除"万物的一种方式——让生命从万物中摆脱出来，它要使万物的差别统统消失，道通为一。齐物的关键不是物而是心，有心就意味着能知善恶、美丑、是非，自然就会陷入争斗、算计、冲突与焦虑之中,这样的心就是"成心"。齐物就是无"我",扬弃我执,打破自我中心。一个没有成心没有我的人,已经不是人,而是变成了天。"丧我"就是"忘我",不仅忘却"外",而且忘却"内";不仅忘掉"境",而且忘掉"智";不仅忘去"物",而且忘去"我"。

庄子的《齐物论》,把齐物三义变成世界、他人、自我这三个现象学式的问题,认为审视世界首先要改变自我对世界的看法;注视他人首先要调整对他人的眼光,凸现了强调万物平等、反功利主义、尊重他人他物的取向;而自我的内在精神取向则打破对"自我"的固执,完成生命形态的新转变。

"庄周梦蝶"对于全文来说,它包含了"忘我"的概念,指出如何才能达到"游"的境界。它概括了文章的重点,即在观念世界里没有人生价值的绝对真理,最后指出了客观世界和精神世界不可逾越的界限。庄周与蝴蝶不过均为人生的短暂过客,除了造化本身——道之外,一切都是稍纵即逝,不断变迁的。此刻还"是"的东西在下一刻未必不"非",此刻看来荒谬而不可理喻的东西下一刻难免会被认为是合情合理的,世间本无确定之物。人类固有的思维模式都是以自我为中心的,或者说是以人这一类群为中心的。庄子认识到了这种负面影响,其寐也魂交,其觉也形开。与接为构,日以心斗,陷于是非的争辩又有何意义?处心积虑而又徒劳无功地执著于是非之间,不过是自我禁锢罢了。不如不谴是非,随顺万物变迁,将自己渺小而短暂的生命融入到永恒的大道中去。

佛祖拈起了花,也非花也非佛,只是虚空中绽开的笑颜;迦叶情不自禁以微笑回应,哪里又是迦叶?一刹那,心心叠印,性性相通……

一枝花，在普通人的眼里，无非是颜色、香味、名称再加以美或丑的评价。在诗人的笔下，则会再添风韵，像"疏影横斜水清浅，暗香浮动月黄昏"便再现了梅的超逸精髓。

而在觉悟到了无上智慧的佛手中，它既是花又不是花。"一花一世界，一叶一如来"，它蕴藏了整个世界的秘密。因为，在觉悟者的心中，花的精神生命是同万事万物的精神生命深融一体、不可分割的。

我们肉眼所看到的森罗万象，各个差异，甚至没有两片完全相同的树叶，但这一切不过是无限虚空中瞬间的生生灭灭，起起落落，它们的本来面目同为寂静的虚空。觉悟到这一点，人的心中所生的种种分别、善意、是非、美丑、高下还有什么是恒常不变的呢？拆除心灵的封界，回到那个更高更广的真实之中，居高临下的关照万物，等同梦幻空花，有而不实。

如此微妙的境界，其中已包含了几许不可言传的禅意。可这样的默契在人类中间实在太少了！正如庄子梦蝶，不知道自己变成蝴蝶，还是蝴蝶变成自己。人之所以能够感悟许多，那是因为你与外物有了某种契合，你与事物的本性有了内在的沟通！所谓"万物静观皆自得"，一点觉心，静观万象，万象如在镜中，光明莹洁，而各得其所，呈现着它们各自的充实的、内在的、自由的生命。这完全可以由王维的诗句来证明：

木末花芙蓉，山中发红萼。

洞户寂无人，纷纷开且落。

这也是本来的面目，一切都明历历地、毫不隐讳地呈现在外。况周颐在《惠风词话》中论词的创造说：

人静帘垂，灯昏香直。窗外芙蓉残叶，飒飒作秋声，与砌鼎相和答。据梧瞑坐，湛怀息机。每一念起，辄设理想排遣之。

乃至万缘俱寂，吾心忽莹然开明如满月，肌骨清凉，不知斯世何世也。斯时若有无端哀怨怅触于万不得已即而察之，一切境象全失，惟有小窗虚晃、笔床砚匣，一一在吾目前——此词境也。

艺术家的创作就是这样，凭他静且空的心襟，映现宇宙的质样俱真的境地，创作出一种空灵飞动而又深沉幽玄的境界。一切伟大的艺术，莫不如是。

这种空灵静明之心，不仅在艺术创作中出现，而且当它在我们的生活中出现时，也会带给人生以同样的美境。

艺术的境界生于美——静观中的人生，就是一个美的境界。

不讲究形式上的读经、坐禅，来去自由，心无所拘，活得潇洒闲适。日出而出，日落而息，手持藜杖无忧无虑于山水间，听万物声息，看烟霞起落，便不是修禅，这个时候也会自然成佛了。

法国著名的小说家威尔·桑说："我有时逃开自我，俨然变成一棵植物，我觉得自己是草木，是飞鸟，是树顶，是浮云，是流水，是天地相接的那一条黄线；觉得自己是这种颜色或那种形体，瞬息万变，来去无碍。我时而走，时而飞，时而潜，时而露。我向着太阳开花或栖在叶背上安眠；云雀飞时我也飞翔，蜥蜴跳时我也跳跃，萤火虫和星光闪耀时我也闪耀。总而言之，我所栖息的天地仿佛是由我自己生出来的。"这种与大自然融为一体的心胸是何等的空灵，又是何等的舒心。

天地与我共生，万物与我为一体，真正达到了"无我"的境界，万物皆齐，没有不齐的，那是进入道的境界。宇宙万物表面上的不平等实质上是真正"同一"的平等，这个"同一"平等就是形而上的道，也就是说，一个真正掌握了"齐物论"的人，他学会了从本质上来看待判断事物和看待人生，万物在他的心中没有了分别。

生命本体的一种自然状态，在那种状态里，躯体和灵魂似乎一起消融、扩散、虚化、安详、舒适，像山间的小溪舒缓地流淌，像天空的白云悠悠徜徉。

要解决人类在现实生活和自我内心世界中的种种纷争，就必须以开放的心灵认识世界，超越自我，摆脱种族分类的束缚，将我与我所认知的客体放在同一个层面上加以对待，最终达到天地与我并生，万物与我合一的境界。庄子还强调，我是在与万物相对立、相对等的关系中产生存在的。在此基础上，做到物我合二为一，这样便可摆脱物质束缚，从物欲的世界中挣脱出来，达到人与自然的合一境界，最终成为一个追求内心自由自在的至人。

第五章 《庄子·大宗师》——大道为师

宗人为师，总不免在这个世界的牢笼里打转，生命被种种藩篱和枷锁套死了。

宗道为师，就是给生命找个超越人间世的最高依据，从而将生命从身外之物以及相关价值中提升出来。

庄子从一个更高的角度来审视这个世界，"此亦一是非，彼亦一是非"，泯灭了差别，这都是从生命的历程中体悟出来的。庄子在表面有一些超脱，有一些逍遥，但背后是沉重的。

"真人"无"己"

【原文】

　　古之真人，不知说生，不知恶死；其出不欣，其入不距；翛然而往，翛然而来而已矣。不忘其所始，不求其所终；受而喜之，忘而复之，是之谓不以心捐道，不以人助天。是之谓真人。若然者，其心志，其容寂，其颡；凄然似秋，煖然似春，喜怒通四时，与物有宜而莫知其极。

【翻译】

　　古时候的真人，不知道悦生，不知道恶死；出生不欣喜，死亡不拒绝，无拘无束地去，无拘无束地来而已。不忘记他自己的来源，也不追求他自己的归宿；事情来了欣然接受，忘掉死生任其复返自然，这就是不用心智去损害道，不用人的作为去辅助天然。这就是真人了。

　　这样，他心里忘怀了一切，他的容貌静寂安闲，他的额头宽大恢弘，冷肃得像秋天一样，温暖得像春天一样，一喜一怒如四时运行一样的自然，对于任何事物都适宜而无法测知他的底蕴。

　　所谓"无己"，就是"丧我"。只有"无己"才能彻底解决精神与自身形体的关系。"无己""丧我"就是忘掉自己的形体，使精神得到彻底的解脱。庄子的这一思想来源于老子："吾所以有大患者，为吾有身，及吾无身，吾有何患？"庄子同老子一样，认为形体是对立于精神的，有了形体，就有了各方面的需求，有了需求，就会与周围的事物发生摩擦，就要不断地受到喜怒哀乐感情的折磨。如果能做到"无己"，就可以做到无所依赖、无所对待，消除精神的对立面，从而彻底消除主客对立的状态，使精神得到高度的自由。

儒家人格境界的最高追求是君子和圣人，庄周的最高人格追求则是"真人"。"真人"反对人为破坏自然本真的状态，而尊崇任性自然。"真人"的心就像一面镜子，对外物是来者即照，去者不留，他真实地反映着事物本身而无所隐藏，又因去留自在而不劳心费神。

佛门称外道为梵志。有一个名叫黑氏的仙人，运用神力，双手举着合欢花和梧桐花来供养佛。

释迦牟尼佛说："放下吧。"黑氏梵志放下了左手的一枝花。

释迦牟尼佛又说："放下吧。"黑氏梵志又放下了右手的一枝花。

释迦牟尼佛还是对他说："放下吧。"

梵志说："世尊，我已经两手空空，您还要我放下什么？"

释迦牟尼佛对他说："我不是要你放下你手中的花，而是要你放下外六尘、内六根、中六识。等到你没有什么可以放弃时，就进入了不生不死的境界了。"

梵志听完佛说的话，当即就悟到了无生法忍。

梵志仙人从来没有想过要放下，所以他才会像凡人一样有各种各样的欲望和由此产生的痛苦，如果他真的能够按照佛祖的建议来做，他的未来将会发生彻底的改变了。是的，我们生活在纷纷扰扰的尘世中，背着各种各样的包袱，顶着来自四面八方的压力，放不下的事情实在太多、太多了。求道的禅人，不但要敝屣名利，而且要去一切欲望需求之心，在五蕴皆空、妄念不起之时，才能心君泰然，心灵明澈，如明镜无瑕，方能生光鉴照。

当代天台宗高僧炎虚法师（1875—1963，天津宁河人，天台宗四十四世法嗣），在圆寂前谆谆告诫众僧徒："看破，放下，自在。"这六字包含了炎虚法师一生学道修禅的经验，不仅语重心长，也道出了佛禅宗旨。

想要忘记"自己"，其实很难。许多时候，人毕竟生活在现实生活里，要有许多禁忌。

阮籍邻居中一位少妇美艳惊人，是一家酒馆的女管家，常在酒垆旁卖酒。阮籍与他的朋友王安丰一有空就上她那儿饮酒，喝醉了就睡在少妇身边。少妇的丈夫开始怀疑阮籍有什么歪心思，待观察一段时间后见阮籍并没有恶意，也就放心了。阮籍村里有一位才貌双全的姑娘，可惜还没出嫁就死了。阮籍与她既不是亲房又没有交往，但觉得心里很难过，就到她家去痛哭一场才离开。

经常与阮籍一块纵酒的刘伶，每每喝得酩酊大醉。

有一天家中酒喝光了，他想酒简直想疯了，缠着他妻子不放，要她去酒店为他沽酒。妻子把酒瓶摔在地下说："你饮得太多了，这不是自己糟踏自己吗？从今天起非断酒不可！"刘伶说："太好了，我自己没有毅力禁酒，只有求神保佑我能断掉。现在快去办酒肉来。"妻子听了非常高兴，连忙去买酒买肉供在神前请刘伶发誓。刘伶跪下来发誓说："天生刘伶，以酒为命，一饮一斗，五斗清醒，妇人之言，千万别听！"说完把供在神前的酒肉喝光吃尽。他饮酒时还脱光自己的衣服，赤条条地在厅堂里自酌自饮。人们见后讥笑他，他回答说："我以天地为房屋，以房屋为衣裤，你们干嘛跑到我裤子中呢？"

魏晋人就是用这种狂放的行为，使自己能在世人面前袒露自己的真实面目，他们用赤条条的裸体来嘲讽文人雅士虚假苍白的面孔。

魏晋许多文人厌恶这种一本正经的正人君子，要求抛弃一切压抑人性的礼节，让每一个人能真实地表现自我，高兴时就放声大笑，痛苦时就号啕大哭。为了反抗礼法嘲弄传统，他们的行为够惊世骇俗了。嵇康是阮籍、刘伶的朋友，他提出为人应当"越名教而任自然"的口号。"越名教"就是抛开传统束缚人的礼节、名分等，剥光自己人格、情感和思想上的伪装，赤裸裸地露出自我。

他原先常在一起饮酒的一个"铁哥们儿"山涛，后来变得俗气世故了，投靠权贵向上爬，而且还准备拉他一起下水。嵇康听到这消息后愤然给他写了绝交信，说："恐怕你一个人去出卖人格求取富贵有些害羞吧，所以才拉我下水陪着你，让我也惹一身腥气。"

做人应该像天空一样，虽然有不少乌云在上面飘过，但雨过天晴，乌云散尽，它仍然还是湛蓝如洗，一尘不染；做人又应该像白玉，不管埋在什么地方都不改变自己洁白的本性。老子认为人的本性是善良的纯真的，而种种人类丑恶行为，则应当是不合理不完善的社会制度造成人性扭曲的不正常现象。由此，老子坚持去伪存真，保留人性中善美并契合自然之道的东西。庄子说自己对做官求荣毫无兴趣，只想放任自己的天性，过一种自然的生活。自己性情疏狂懒惰，不喜欢受世俗礼节的拘束。庄子不愿意为了权势和荣华扭曲自己的本性，强调要像老子所说的那样，按自己的本性生活。可以说，是否为一个真的人，对待功名势利的态度是试金石。

同于大"道"

【原文】

泉涸，鱼相与处于陆，相呴以湿，相濡以沫，不如相忘于江湖。与其誉尧而非桀也，不如两忘而化其道。夫大块载我以形，劳我以生，佚我以老，息我以死。故善吾生者，乃所以善死也。

【翻译】

泉水干了，鱼就一同困在陆地上，用湿气互相嘘吸，用口沫互相湿润，倒不如在江湖里彼此相忘。与其赞美尧而非议桀，不如忘却两者的是是非非而融化于大道。大自然用形体容纳我，用生命连累我，用年老安慰我，用死亡来让我休止，所以正确对待生存的人，便能恰当地处理死亡。

人生必修的功课即是悟道，体认自己在道之中，一无所缺；察觉自己像鱼一般，与万物、众人"相忘于江湖"，如此将会孕生宁静的喜悦。群体生活并不给我们增加什么东西，就是说并不给我们真正地增加什么东西，增加的只是某些外在的假象。看起来是生活在鲜花、掌声和人群的簇拥里面，但其实对真实来说还是一样的。所以这个时候与其这样借助群体生存，抗拒死亡，还不如回到我们生命的孤独本真，"不如相忘于江湖"。庄子还有一个寓意：群体的生活反而是让我们的生命干枯的一种生活，就是"泉涸"。在群体里，我们的生命萎缩了，我们完全变成了我们自己都不认识的人。而相忘于江湖的个体生命力，构成我们生命最深厚的本真的东西又回来了,这就一个是"涸"的比喻,一个是"江湖"的比喻。

鱼儿在水干涸的时候,为了生存而用唾液润湿彼此的身体,与其因遭受磨难而相濡以沫,哪有畅游江湖而彼此相忘来的快乐呢?尽管相濡以沫体现了人与人之间的真情,但却是用灾难换来的。相濡以沫,有时是出于生存的必须或是无奈。与其如此,倒不如它们在江湖中游弋的时候,互相都不感觉到对方的存在更为幸福。相忘于江湖,是一种更高的境界,或许更需要坦荡、淡泊的心境来面对吧!

在这里,"我"消融了,一切套在生命上的条条框框不复存在,达到"道通为一"的境界。自我是最难消融的,这是最可爱、最坚固,也是最讨厌的东西。人人都知道用自我中心的观点来衡量人、要求人、评断人、指责人、支配人、改造人,却很少想到其他的每一个人,也有各人的自我中心,因此就产生了种种的对立,彼此之间摩擦不断,也争辩不休。从禅宗立场看来,消融自我,必须要炼心,是把"散心"的我,变成"专心"的我,做到身心的统一、内外的统一、前后念统一,要将"有我"的心粉碎。

人生在世,要经历大大小小的痛苦。如果心怀大痛苦,许多小痛苦就可以化解;如果心怀大快乐,许多小快乐就可以被涵盖。庄子是在用"大痛苦"融化"小痛苦",这是一种智者的高度。人生的"大痛苦"虽然被很真实地感受到,但还是很少人会体会到这个世界是一个"火宅"。所谓大痛苦,就是生存之荒谬感。生存本来就是荒谬的,一切纯属偶然。如果看透了这一点,许多小痛苦会变得不在话下,比如亲人的离世,比如朋友的背离,比如仕途的蹉跎,比如事业的失败。学会接受所有的不公平、痛苦、磨难、欺骗、中伤、爱与不爱都不过是一个过程,是拥有现在、拥有未来的一个过程而已……

庄子思想绝对不是单纯的一种内心修炼,它是要你回到根源、回到整体。一个人只有回到根源、回到整体的时候,他的生命才能得到真正的安顿,所以庄子特别强调,泉水枯了,鱼在泥巴地里以气相濡,这样子还不如相忘于江湖。江湖就是"道"的比喻。鱼在水里面完全忘记自己是鱼,完全忘记自己跟外物有什么差别,在里面悠游自在,人能不能像一条鱼一样在大海里逍遥自在呢?应该可以。人类远离大道已经很久很久了,期许大家互相忘记早就不太可能了。这种期许倒有些像是孟子所嘲讽的"缘木求鱼"。

佛在菩提树下静坐,睹明星悟道后说的第一句话就是:"奇哉奇哉,一切众生皆有如来智慧德性,只因妄想执著而不能证得。"只有我们的心回归清净到一心不乱才可见到本有佛性,与佛无二无别。《心经》说"远离颠倒梦想,究竟涅槃",所以要证得菩提解脱,首先要"悟空"。

一位年轻人,因为某些事业上的不明之处而跑去请教一位得道高僧。

"我觉得自己一直在努力,从不曾放松过对业务的钻研,为什么就得不到老总的赏识呢?"年轻人还未坐定,就气喘吁吁地向高僧提出了自己的疑惑。

高僧不说话,示意年轻人落座,并拎起茶壶开始为他沏茶。

"我的学历也不低呀,与办公室里的同事们比起来,我这个硕士起码应该算得上中高等了,可是为什么有几个连学位都没有的,反而能得到老总的重用呢?"年轻人继续提问。这时,愁眉深锁的他看到自己面前的杯子已经快满了,但高僧似乎还

禅释庄子

没有停止倒水的意思，还在一个劲儿往杯子里倾倒着开水。

"大师，大师，杯子已经满了！"年轻人慌忙提醒高僧，但是，高僧却依然没有停止手里的动作，任茶水溢出了杯子，并顺着桌子流淌开来，然后滴下桌沿。

年轻人手足无措，想找个新的空杯子接水，遍寻四处却没有。眼看着茶水越溢越严重，地上都快淌成一条小溪了，年轻人急了，一把端起那杯茶，"哗"地泼向了门外。

高僧暂停了手里的动作，笑眯眯地看着年轻人把杯子放回到桌子上。茶壶嘴再次倾斜，一线清水缓缓注入空杯子的刹那间，年轻人以掌击额，惊喜地叫了声："我明白了！"然后向高僧深深鞠了一躬，转身而返。高僧在脚步轻快的年轻人身后颔首微笑，依旧一言不发。

年轻人悟到的道理其实很简单：杯子只有空了，才可以装水。同样的道理，只有空的房子才可以住人，只有空空的山谷才能传荡回声……每一个容器的价值皆在于它的"空"。"空"是"有"的可能与前提，"空"是"有"的最初因缘。有道是：海纳百川，有容乃大；海阔凭鱼跃，天高任鸟飞。"空"是一种度量与胸怀。佛经里有"一空万有"，"真空妙有"之说，可见"空"是人生的最高境界。

"空"是佛学中一个最基本的名词术语，也常被世人错误地认识与理解。"空"并不是不存在，并非"无"，因为"无"是相对"有"而言；空也不是"虚"，因为"虚"是相对于"实"而言。佛教认为一切事物的现象都有它各自的因和缘，事物本身并不具有任何常住不变的个体，也不是独立存在的实体。"空"是什么？就我的理解，"空"即是"无常"，"常"是永恒的，不变的意思，"无常"即非固定不变的。一样东西今天是你的，明天就不一定是你的；今天还在，明天就说不定没了。所以叫"空"，劝导人们不要执著于物相。万物从因缘生，没有固定，也非永恒，故世事无常，不要执著于功名利禄等身外之物，故不要拘泥执著于五蕴。五蕴的真相是无常、苦、空、无我。

本心清静

【原文】

杀生者不死，生生者不生。其为物，无不将也，无不迎也；无不毁也，无不成也。其名为撄宁。撄宁也者，撄而后成者也。

【翻译】

大道流行能使万物生息死灭，而它自身是不死不生的。道之为物，无不一面有所送，无不一面有所迎；无不一面有所毁，无不一面有所成，这就叫做撄宁。撄宁的意思，就是在万物生死成毁的纷纭烦乱中保持宁静的心境。

这里的"撄宁"，是庄子所倡导的极高的修养境界，"撄"是纷乱、扰乱的意思，"宁"指心神宁静。"撄宁"也就是说身处纷乱却能够获得内心的平静。在当今这个物欲横流的社会，要想抵御世俗的、浮躁的社会侵蚀来求得个体内心的平静似乎越来越难了。

庄子认为，如果一个人终日躁动不安，定会心力交瘁，百病丛生。他提醒我们，应当磨炼自我控制的能力，要善于在纷乱的环境中保持自我放松，在奋进中拥有一颗宁静的心。他说：

"平易、恬淡,则忧患不能入,邪气不能袭,故其德全而神不亏。"贪求私欲者往往被物欲、财欲、色欲、权势欲等迷住心窍,攫求无已,不知使多少人作茧自缚,忘了善待自己的身心。陶渊明的《归园田居》有句曰:"久在樊笼里,复得返自然。"不明白庄子"平易恬淡"、"少私寡欲"之意的人,可以用陶渊明此诗作注,因为不同时代的两位智者对养生之悟是心有灵犀的。

庄子就是要化解外在的限制,回到内心思考一下,从人的知,回到人的心,把人的精神状态掌握住,让它不受外界的干扰,然后向上提升。提升到达一定高度的时候,就可以跟宇宙化而为一,达到一种"宁静"的状态。经过了"心斋"、"坐忘"的途径,就超越了常人的喜怒哀乐、富贵名利,摆脱了世俗的功利目的,清除了理性的精神羁绊,由此进入"无所待"的境界,达到自然无为的境界,像"神人""至人"一样。由"心斋"到"坐忘",心灵最终达到了虚静无为的境界。

心灵的虚空是一种自然、无为的心境,此心境是宁静和谐的。《人间世》曰:"瞻彼阕者,虚室生白,吉祥止止。""瞻"是观照,"阕"是空,"瞻彼阕者"是说观照那个空明的心境。"虚室生白","虚室"即心斋,"白"指空明清净的心境生出光明。应指出的是,"虚室生白"是一个极富美学意味的命题,这个命题直接通达直觉观照。直觉观照是美的创造,在观照过程中,观照者的心与观照物刹那间发生碰撞,从而产生出类似于"虚室生白"那样的光辉。

求得平静分两种:一种是躲避纷乱以求得平静,另一种是在纷乱中求平静。这与古人说的"小隐隐于山林,大隐隐于市"是一个道理,而庄子认为的真正的平静显然是指后者,也就是"大隐隐于市"。隐于红尘之外的隐士,不是真正达到了最高境界的真隐士,混迹于红尘之中,却又不为红尘所动的才可谓真隐士也!

有一位虔诚信佛的居士,在自家屋后开辟了一片花园,种了四季的花草。

他每天都勤于修剪、整理花圃,所以枝叶茂盛,花香袭人。这位居士常将这些清雅的花送到寺院去供佛。

有一天,这位居士遇见寺院的住持无德禅师,也将花供养禅师。

无德禅师很欢喜地说:"你每天都来插花、换水,确实是功德无量!佛经里说:'以花供佛,能生生世世得庄严。'"

居士说:"我不求什么。只是每天整理花草,剪下花朵,送到寺院供佛,我的内心就会特别宁静、清凉、心安,这是我每天喜欢来供佛的原因。"

无德禅师说:是啊!学佛心中应无所求,当下就是清净。"

居士说:"但是回到家就会有烦恼,心不得安宁!我要用什么方法,让我的心清净呢?"

无德禅师说:"花瓶里的花经过一段时间后就会凋谢,你知道能用什么方法让鲜花保持新鲜吗?"

居士说:"要时常换水。因为花的茎浸在水中容易腐烂,无法吸收水分供给花朵,花就容易凋谢,所以必须要每天换水,并且剪掉烂掉的梗及茎,这样就能保持花的新鲜。"

无德禅师说:"花的新鲜与我们身心清净的道理是相同的。在日常生活中,我们要常常自我净化,调整心念,才能适应环境,无法要求环境来适应我们的心啊!"

这位居士听完后,随即接着说:"我若能常在寺院里,不知该有多好!我很期待有一天能放下一切,在寺院宁静的环境中好好聆听佛法,学习佛经梵音的唱诵。"

无德禅师又说:"其实,呼吸之间就是梵音声。只要把混乱的心念时时消除,这种天地宇宙、周围环境,乃至于你内在的身心动作,无一不是清净梵音声。你两边的耳朵就是现成的菩萨道,身体就是清净的道场!又何必等机会到寺院中生活呢?"

我们的身体在劳碌,但心地依旧清净,一尘不染,这就是定力。《维摩诘经·佛国品》上说:"随其心境,则佛土净。"清净心生智慧,纯善的心生福德,福里就有寿。纯净的心,智慧圆满。

正如禅宗所讲的参禅的三重境界一样:

参禅之初,看山是山,看水是水;禅有悟时,看山不是山,看水不是水;禅中彻悟,看山仍然是山,看水仍然是水。

佛家讲究入世与出世,于尘世间理会佛理之真谛。人之一生,从垂髫小儿至垂垂老者,匆匆的人生旅途中,我们也经历着人生的三重境界。

人生第一重界:看山是山,看水是水。涉世之初,怀着对这个世界的好奇与新鲜,对一切事物都用一种童真的眼光来看待,万事万物在我们的眼里都还原成本原,山就是山,水就是水,对许多事情懵懵懂懂,却固执地相信所见到的就是最真实的,相信世界是按设定的规则不断运转,并对这些规则有种信徒般的崇拜。

人生第二重界:看山不是山,看水不是水。红尘之中有太多的诱惑,在虚伪的面具后隐藏着太多的潜规则。人们看到的并不一定是真实的,一切如雾里看花,似真似幻,似真还假,山不是山,水不是水。我们会很容易在现实里迷失了方向,随之而来的是迷惑、彷徨、痛苦与挣扎,有的人会就此沉沦在迷失的世界里。然后我们开始用心去体会这个世界，对一切都多了一份理性与现实的思考，山不再是单纯意义上的山，水也不是单纯意义的水了。

人生第三重界：看山仍是山，看水仍是水。这是一种洞察世事后的返璞归真，但不是每个人都能达到这一境界。人生的经历积累到一定程度会不断地反省，对世事、对自己的追求都会有一个清晰的认识，认识到"世事一场大梦，人生几度秋凉"，知道自己追求的是什么，要放弃的是什么。这时，看山还是山，水还是水，只是这山这水，看在眼里，已有另一种内涵在内了。

对悟者而言，梦就如同生活的一面镜子，告诉你所有的执著都是虚空，都是捕风。梦里的一切不能永远挂在你的心上，现实中的一切又何尝不是如此？能在心中常驻的，不过佛性而已。

大智若愚，大巧若拙，大辩若讷的人。他们有本事，有涵养，有智慧，却不卖弄，不炫耀，不张扬，清静无为，虚怀若谷，如高山中的湖水一般平静淡定。《易经》上说："君子藏器于身，待时而动。"无此器最难，有此器不患无此时。锋芒对于你，只有害处，不会有益处。额上生角，必触伤别人，你自己不把角磨平，别人必将力折你的角。角一旦被折，其伤害更多，而锋芒就是人额头上的角啊！心静则清，心清则静，只有安静的心灵才听得见花开的声音。《老子》曰："躁胜寒，静胜热，清静为天下正。"他认为，温暖可以克胜寒冷，寒冷可以战胜炎热，清静无为才可以作为治天下的准则。

孟子说："尽其心者，知其性也。知其性，则知天矣。"

庄子说："圣人之心静乎！天地之鉴也，万物之镜也。"

尼采说："智慧就意味着孤独地沉思，用直觉悟察万物的本性。"

这是哲学家所能达到的最高境界。他们都拥有安静的心灵。

"心静自然凉",说的是一种境界。对于我们常人来说,绝对比不上、更达不到学佛参禅者那种"心静"的状态,但我们可以从他们那里得到"安心"的妙法和启示。比如禅者所说的"静中求静未为贵,忙中取静才是真"就很值得借鉴。禅林有言:终日吃饭,未曾咬着一粒米;终日穿衣,未曾挂着一缕丝。这和"饿了吃饭,困了睡觉"是一个道理,顺其自然,不去强求而已。要用"不休中亦能休,不闲中亦能闲"去克服那种"休而实不休,闲而实不闲"的心乱如麻的状态。只要把心"放下",去对待生活中的那些不快,常人的"心静"是可以做到的。晋代大诗人陶潜(陶渊明)在诗中写道:"结庐在人境,而无车马喧;问君何能尔,心远地自偏。"在滚滚红尘、嘈杂人海中能留下一片"安心"的净土,节欲净心,使现代快节奏的生活能够缓一缓,哪怕有一瞬间的"心安",在宁静祥和的辉光中,有一刻的物我俱忘、天人合一的感觉,那是何等的惬意啊!

佛教强调圆融之境,圆是相对于缺而出现的,因此佛教中强调的圆融即为充满充足之意。生命意义的圆满,就是要达到一种圆融无碍的境界,这也是佛教所追求的最高的体悟境界。在佛陀看来,心本就是圆,只有圆融无碍,才能体悟到天地之心,才能去伪存真,圆悟圆觉,才是一种活生生的人的生命活动和最高存在形式。

安时处顺

【原文】

 且夫得者，时也，失者，顺也；安时而处顺，哀乐不能入也。此古之所谓县解也，而不能自解者，物有结之。且夫物不胜天久矣，吾又何恶焉？

【翻译】

 再说人的得生，乃是适时；死去，乃是顺应。能够安心适时而顺应变化的人，哀乐的情绪就不会侵入到心中，这就是古来所说的解除束缚。那些不能自求解脱的人，是被外物束缚住的。人力不能胜天由来已久，我又有什么嫌恶呢？

 庄子从"整体"来看待万物的变化。既然一切变化都含括在整体中，我们又何必在意一时的得失成败呢？既然人生的起起伏伏也在这个整体中，我们又何必放弃真实的自我呢？放弃自我，所得到的又有什么价值呢？庄子将会反复叮咛我们这一类的道理。庄子内篇中存有一种明显的思想，"知其不可奈何而安之若命"，并且提出了如何才能"安之若命"——因、循、顺、游等，体现了庄子的顺于自然和无为的思想。
 傅佩荣先生认为，学习《庄子》，至少已经明白"不得已"三字的奥妙。所谓"不得已"，并无勉强、委屈、无奈、被迫之意，于是在各种条件成熟的时候，我就顺势而行，亦即"行其所当行，止于其所不得不止"。因此，重点是，如何判断各种条件是否成熟？能够做到这一步则是"转识成智"的开始。

反观庄子的一生，正如他自己所言：不刻意而高，无仁义而修；无功名而治，无江海而闲；不道引而寿，无不忘也，无不有也；其生也天行，其死也物化；静而与阴同德，动而与阳同波；不为福先，不为祸始；其生若浮，其死若休，淡然独与神明居。

在现实社会中，人面临死生、存亡、穷达、祸福、贫富、毁誉、饥渴、寒暑、是非、贤与不肖等等，既不可抗拒亦非人力所能改变。这是造化之功，是世事之变，是命运之行。既然如此，庄子就主张对一切都不必计较，安于自然，则不论遇到什么情况，处于何种境地，都能泰然处之，保持情绪的稳定，这样就能做到"哀乐不能入也"。保持自己那一片不受世俗污染的心田，"不逆寡，不雄成，不谟士"的境界，就能无拘无束，不显山，不露水，"外化而内不化"，既保持了自己的人格尊严，又顺应了外界的一切变化，喜怒哀乐不入胸次，获得身心之解脱。

禅寺里来了三个新学僧，禅师给他们每人一本书。

三人翻开一看，发现手里的书竟然全是空白页。

甲学僧马上去找禅师换一本，禅师就给了他一本经书。

乙学僧马上行动，把自己几年的参禅感悟一一记录在案。

丙学僧则天天捧着它参禅悟道。

后来，甲学僧讲经说法第一；乙学僧成了住持；丙学僧则云游天下，自成一体。

宋朝的庵守净禅师曾有一首诗偈：

流水下山非有意，

片云归洞本无心。

人生若得如云水，

铁树开花遍界春。

在佛教里，特别是禅宗，有强烈的云水风格。或者说，云水本身就有着禅的本质——自由自在、单纯朴素、身心调柔、利物不争、随缘不执。如同故事中的三个和尚，虽然面对着同一本空白的书，但是完全随自己的本性而为，因而才能成就适合各自的别样人生。我们也要时常地审视内心，扪心自问现在的工作和生活是否是顺应了自己的本性呢？

明云禅师平静淡泊，兴趣高雅，在终南山中修行达三十年之久。他不但喜欢参禅悟道，还喜爱花草树木，其中尤以兰花为甚。在他所修行的寺庙中，前庭后院都栽满了种类繁多的兰花，这些兰花全是老禅师多年积聚得来的。茶余饭后、讲经说法之余，他都忘不了去看一看他那心爱的兰花。弟子们都说，兰花就是明云禅师的命根子。

这一天，明云禅师下山去办事情，出发前当然忘不了嘱托弟子照看他的兰花。弟子痛快地答应。他们一盆一盆地认真浇水，照顾得非常细心。待最后要浇那盆兰花中的珍品——君子兰了，弟子更加小心翼翼了，这可是师父的最爱啊！可是，接下来没想到的事情发生了，不知道是不是因为浇了一上午而感到劳累，还是由于浇这盆花而无比紧张，总之手不听使唤了，水壶就从手里滑下来，正好砸到花盆上。霎时间，花架倒了，整架的兰花也都摔在了地上。

弟子顿时吓出一身冷汗，愣在那里不知该怎么办才好，心想：师父回来看到这番景象，肯定会大发雷霆，弟子越想越害怕。

傍晚时分，明云禅师从外面回来了，当他知道了兰花被弄坏这件事后不但没有生气，反而平心静气地安慰那位"惹事的弟子说:"我之所以栽种兰花,为的是修身养性,并且也为了美化寺院环境,并不是为了生气才种的啊!世间之事一切都是无常的,不要执著于心爱的事物而难以割舍,那不是修禅者的秉性!"

听完师父的一番话,弟子的心这才放进肚子里;同时,他们对师父的言行敬佩不已,修行也更加认真起来。

"无所住而生其心",看起来简简单单的几个字,但是做起来却并不容易。试问,我们身体上的重担,心灵上的压力,又何止一个小小的"花盆"呢?毋庸置疑,明云禅师具有"转识成智"的能力,放下了自己的喜爱。"转识成智"就是转烦恼为菩提,一定要有透视的力量,要证悟到凡所有相皆是虚妄,都是有生灭的,都是无常和无我的。"识"是有漏的带分别的认识,有局限,有染污,是成佛的障碍;"智"是无漏的超分别的智慧、究极、纯净,是觉悟之智;转识成智是唯识学的必然要求。转识成智的内容是转八识成四智,转得佛智即是成佛。作为凡夫的你我,爱憎之念常常霸占住我们的心房,哪里还能快乐自主呢?

禅宗有一偈:"春有百花秋有月,夏有凉风冬有雪。若无闲事挂心头,便是人间好时节。"其实,任何一个人都能在普通的生活中寻找到自己需要的东西。正如罗丹所言:生活中不是缺少美,而是缺少发现美的眼睛。平凡的生活中,处处都有耐人寻味的快乐。止住妄想,从心流出,才是本性。

人没有欲望是不可能的,佛陀也并不主张完全的禁欲。经过六年的苦行,他认为一味的禁欲对修道并无意义,但他也反对在生活中放纵欲望。在经典中他多次告诉众生要"少欲知足",要求弟子生活简朴。因为欲望是烦恼的根源,烦恼又会遮蔽众生的佛性和智慧，所以只有将欲望降低，才能勤于修道，证悟佛果。欲望一半是天使，另一半却是恶魔，如果失控，就会把人引向邪恶，成为破坏社会、毁灭人生的灾难。古人说："人为财死，鸟为食亡"；所谓："人心不足蛇吞象"；这都是欲望的弊端。

《法句经》中有这样一句名言："要如大磐石般，不被八风吹动，即使遭到非难或赞美，也不能动摇自己的心志。"意思就是要我们坚定不移，泰然自若。在佛教里，八风又名八法，此八风能煽动世间的爱憎之情，即利、衰、毁、誉、称、讥、苦、乐。能不为八风所动的人，才是沉稳自若的人。

佛教有这样一种说法，"道即是平常心"，"持平常心处于世，永立于不败之地。顺其自然，即可得静，宁静而致远。"平常心的世界是无限的，应有尽有。平常心即是八风不动的境界。

"平常心"虽是简单的三个字，但在生活中，却是人人都难超越的一道坎，因为我们并不懂得何为真正的平常心，也不懂得怎样来保持自己的平常心，更不懂得怎样来利用平常心。

平常心首先要的是一种心境，不仅是对待周围的环境要做到"不以物喜，不以己悲"，更要对周围的人和事做到"宠辱不惊，去留无意"，这样才能让我们的生活有一份平静和谐。

遗忘自我

【原文】

颜回曰："回益矣。"

仲尼曰："何谓也？"

曰:"回忘仁义矣。"

曰:"可矣,犹未也。"

他日复见,曰:"回益矣。"

曰:"何谓也?"

曰:"回忘礼乐矣。"

曰:"可矣,犹未也。"

他日复见,曰:"回益矣。"

曰:"何谓也?"

曰:"回坐忘矣。"

仲尼蹴然曰:"何谓坐忘?"

颜回曰:"堕肢体,黜聪明,离形去知,同于大通,此谓坐忘。"

仲尼曰:"同则无好也,化则无常也,而果其贤乎!丘也请从而后也。"

【翻译】

颜回说:"我进步了。"

孔子说:"怎样进步呢?"

颜回说:"我安然相忘于礼乐了。"

孔子说:"很好,但是还不够。"

过了几天,颜回又见孔子说:"我进步了。"

孔子说:"怎样进步呢?"

颜回说:"我安然相忘于仁义了。"

孔子说:"很好,但是还不够。"

过了几天,颜回又见孔子说:"我进步了。"

孔子说:"怎样进步呢?"

颜回说:"我坐忘了。"

孔子惊奇地说:"什么叫坐忘?"

颜回说:"不着意自己的肢体,不摆弄自己的聪明,超脱形体的拘执,免于智巧的束缚,和大道融通为一,这就是坐忘。"

孔子说:"和万物同一体就没有偏私了,参与万物的变化不偏执常理。你果真是贤人啊!我愿意追随在你的后边。"

《庄子》一书中多次使用"忘",总共出现了86次,这也说明了"忘"的重要性。坐忘就是我坐这里休息,突然之间忘了我是谁。任何东西都一样,当你一眼就看到它的存在,代表着它有问题。为什么?傅佩荣先生打比喻说,一个人活在这世界上,就像鱼活在湖里面一样,它根本忘记自己是一条鱼,当它记起自己是一条鱼的时候,代表它已离开了水。你看沙滩上的鱼,一直在挣扎着,因为它发现自己是一条鱼,需要水。在水里游的鱼,常不觉得自己是条鱼,它觉得自己就像处在"道"里面,完全忘记自己是谁。

与"忘"同义的是"外"和"去"。在《大宗师》篇中,"颜回曰:'堕肢体,黜聪明,离形去知,同于大通,此谓坐忘。'""坐忘"就字面而言是端坐而无思虑的意思,"坐忘"之"忘"是彻底忘掉物我、是非差别以及道德功利,从而与道同一。那么庄子认为该"忘"掉哪些世俗之偏见呢?

首先要"忘形",即要摆脱由生理而来的欲望,即庄子所说的"堕肢体",忘掉那些以满足感官快适为目的的各种生理欲望。庄子主张"尽性",就是既不放纵人的欲望,也不压抑人的欲望。"尽性"就是"顺天",就是"无为",还要对生与死超然度之,这样才能回复到物的原初状态,即回归于道。庄子认为"离形"的实质是对自身感性存在的超越。

其次要做到"忘知",即"黜聪明",要不受智巧的束缚。它包括两方面内容:其一要"忘仁义",庄子同老子一样,认为仁义并非治国之道,而是天下祸乱之源,不忘仁义不可入大道;其二要"忘机心",所谓"机心"就是狡诈、算计之心,它违背了人的自然天性和道。

当我们在外在世界寻求内在灵魂的解答时,往往就会陷入困惑中,这是因为外在世界并不是困扰我们内心的真正原因。要想真正求得内心的解答,我们的内心必须要有所觉悟。

禅宗北宗神秀派门人志诚去曹溪探听南宗慧能之法,慧能知道后,便问志诚道:"你的老师是怎么教你们大家的呢?"志诚答道:

"常常教导我们要住心观静,长坐不卧。"慧能听罢,批评道:"这哪里是在修禅呀,住心观静是病不是禅,长坐只能将身体拘禁起来,这与佛法有何干?如果这样就能得佛法,天下岂不早就成乐土了?人生来是多坐少卧的,死了只能卧而不能坐,光整一具身体臭骨头,与佛法何益?"慧能对坐禅很不以为然,并且认为这样坐禅,无疑是磨砖成镜,想见真正的佛法是万难如愿的。

佛教根本就是要人去掉"我执",消除对一切的执著,彻底解脱,但是坐禅却是有心所为,有心了便是执著,便是"佛障"。单从佛教教义上看,南宗对佛的理解来得更干脆、彻底。

一休禅师在比壑山乡下时,有一日看到一群群信徒都朝山上走去,原来山上的寺院在晒藏经。传说晒经之时,如果风从经上吹拂而过,吹到了人的脸上,能够去病除灾,增长智能,因此,闻风而来的人纷纷涌向山去。

一休禅师知道了事情的原委，说道："我也要晒藏经！"说完就袒胸露肚躺在草坪上晒太阳。许多要上山的信徒看到了很不以为然，议论纷纷，觉得很不像话，这样实在太不雅观了。山上寺院的院主也跑下来劝一休不要如此没有僧人的威仪。

一休禅师便认真解释道："我是在晒藏经呢。你们晒的藏经是死的，会生虫，不会活动，而我晒的却是活的，会说话，会干活，会吃饭，有智者应该明白哪一种藏经更珍贵！"

人们心里往往对事物有一种莫名的执著，正如众人执迷于晒经祈福。与人开示，必须要从人心中的执著入手，让人达到对人性的彻底领悟。

一个人只有觉悟到了，内心才会变得空明澄净，气定神闲，智慧也会为之一开。这就是为什么当人的内心充满贪欲、邪念时，人心就变得像一个黑洞，不得安宁。一个人只有不断地省视内心，排除妄念，才能求得内心空净，才能接纳外界的万物。

禅告诉我们，人必须把覆盖在真我之上的虚伪面具撕下来，这样才能生活得轻松和自由，显露出朝气和活力。唐朝洞山禅师说：

净洗浓妆为阿谁，

子归声里劝人归；

百花落尽啼无尽，

更向乱峰深处啼。

这首偈子可以说是一首唤醒人类心灵的好诗。洞山告诉世人，必须洗去心中的种种虚妄，要如实地接纳自己，不必讨好别人，也不自大狂妄，而是要依真我去生活。人应该像杜鹃鸟的啼叫声"子归"！回归到真正的自己，把种种名誉、权势、地位和高下的观念抛开。当一个人真正做到心外无物时，所有诱人的虚妄心就会通通消失，就能体会到人生中"若无闲事挂心头，便是人间好时节"的真趣。

禅者告诉我们，要净化自己的意识，才能发现真正的自己。赵州禅师说：

佛性堂堂显现，

住性有情难见；

若悟众生无我，

我面何如佛面？

当自己放下"我相"时，自己就不再被不安的凡心所束缚，不再被傲慢的自高心所牵引，不再被防卫性的心理反应所妨碍。那时，看世间一切荣华便有如春天繁花，花开花落，毕竟是无常的色相，只有具备一颗真心，才能独具慧眼，看到永恒和生命的无尽悦乐。

可见，"心外无物"，不仅是修禅者的心态，也是现代人安身立命、快乐生活的必备心理素质。如果放下一切不该去追逐的东西，你将达到心理安适，实现真正的心性自由。

放下一切执著是我们修行人一生一世的功课。有的人看到一个打破的杯子就得到开悟，而有的人听到一句话语就可以体悟佛中所说的"不生不灭，万缘放下"的身心自在。佛语中就说过，人们常执著于自己的见解，并常常除了自己的见解外，看不到真正的其他东西。由此可见，执著是一座何等恐怖的囚牢！

第六章 《庄子·逍遥游》——心的逍遥

庄子所追求的自由，不是外在的现实性的自由，而是内在的、精神上的自由。这是因为，庄子把人不自由的原因，本质上归结为对心灵的束缚。在他看来，人之所以不自由，不是源自于外，而是源自于内，源自于个体心灵的自我束缚，即心存"桎梏"、"怀有"心结的结果。要想自由，必须超越束缚，亦即在心灵上对现实存在的必然性予以超越，庄子认为这种超越必须做到无己、无功、无名。

禅释庄子

俯瞰"小我"

【原文】

北冥有鱼,其名曰鲲。鲲之大,不知其几千里也;化而为鸟,其名为鹏。鹏之背,不知其几千里也;怒而飞,其翼若垂天之云。是鸟也,海运则将徙于南冥。南冥者,天池也。

【翻译】

北海有一条鱼,它的名字叫做鲲。鲲的巨大,不知道有几千里;化成为鸟,它的名字叫做鹏。鹏的背,不知道有几千里;奋起而飞,它的翅膀就像天边的云。这只鸟,海动风起时就迁往南海。那南海,就是天然大池。

鲲鹏在高空飞行,扶摇而上,俯视苍天之下的芸芸众生。鲲鹏丢弃了风,不再依恋外物,而只凭自己,它甚至听不到风声了。这正是最成功的飞行,独自的飞行。庄子对"鲲化鹏"的过程中鹏的描写是收敛的,惜墨如金,却给我们展现了极为辽远博大的眼界。放眼望去,一切生命的过程都孕育在鲲变鹏的进化中,一切生命的精彩都蕴涵在从鲲到鹏视角的转变里。鲲在水里游,是人看天的视角,而鹏在天上飞,则是天看人的视角了。何谓逍遥?对于这个诗意化的命题,答案不言而喻。世间收揽于心,孤独又何妨!

在心态上放空自己,让心灵回归"无"的境界,你心可以像大鹏一样升到九万里的高空,体会自上视下的感觉,你内心也可以像"鲲"一样,以潜入大海,体会虚怀若谷的感觉。南宋著名哲学家陆九渊说："宇宙便是吾心，吾心即是宇宙。"庄子开篇即拈出鲲鹏变化之寓言，描摹出一幅雄奇壮阔的画面，绝对气势磅礴。当境界无限开阔时，我们的心便可像鲲鹏一样，"不知几千里"，那时的我们便可以像庄子一样"心游万仞"，"独与天地精神往来"，忘却名利，看破生死，得以"逍遥游"。这是对于自身的突破，是灵魂突破肉身！

一条不知几千里大的鱼，在杳无人迹的自然空间遨游，背负大风，翅临山水，逍遥自在，使读者心境为之一开，精神为之一振。鱼，在庄子的骨子里，象征着生命的存在与自由。鲲之化鹏，鹏之南徙，变化无端，使人瞠目结舌。南怀瑾先生说，庄子明白地告诉我们，每一个人的气度、知识范围、胸襟大小都不同，如果要立大功成大业，就要培养自己的气度、学问、能力，像大海一样深广才行。要够得上修道的材料，也要像大海一样汪洋才行。

当大鹏鸟在空中逍遥的时候，它的眼界不同了，看事情的角度改变了。《逍遥游》开篇即如此高远，常使人顿生向往。俯瞰"小我"，会让你的人生有一种大的境界。"逍遥游"是一种悠游自在、无挂无碍的生活境界。庄子把《逍遥游》列为第一篇，开宗明义地显示出他思想世界的要旨——看破功、名、利、禄的束缚，尊重内心的追求，自由自在、洒脱旷达地生活。

如何追求超越呢？"风之积也不厚，则其负大翼也无力"，"适千里者，三月聚粮"，这些比喻告诉我们关键在于积累。那么怎样才算是真正的超越自我呢？庄子进一步说，"至人无己，神人无功，圣人无名"。那是一种不去追求名誉和地位、没有功利目的、心中无我的崇高境界。人应当志存高远，心怀大道，

禅释庄子

勤奋守拙，不自满，不放弃，那么，有一天我们定会像鲲鹏那样展翅高飞！

人生处处都是限制，为了活得自在，就须一一加以突破。庄子特别指出四种：空间、时间、生死、义利。因此庄子警醒人们，内心坚守自己高贵的品格和原则，不要随波逐流，不能为外物所滞，听凭内心，不受拘束，追求优游自得的生活旨趣。我们生活的年代虽然没有战火硝烟，生灵涂炭，却是个浮躁喧嚣的时代，"天下熙熙，皆为利来；天下攘攘，皆为利往"，人们迷失在物欲中，无法获得心灵的安宁。

在禅宗的观念中，"空"与"有"并非两个完全对立的概念。宇宙万有，因为虚空含纳包容，所以能拥有日月星河的环绕；因为高山不比沙石草木，所以成其崇峻伟大。

三藏法师自诩神通，因此，他来到慧忠禅师的面前，向他验证。

慧忠禅师和蔼地问道："久闻您能够了人心迹，不知是否属实？"

三藏法师答道："只是些小伎俩而已！"

这时，慧忠禅师心里想起了一件事，问道："请看老僧现在心在何处？"

三藏运用神通，查看了一番，答道："高山仰止，小河流水。"

慧忠微笑着点头，将心念一转，又问："请看老僧现在身在何处？"

三藏又做了一番考察，笑着说："禅师怎么去和山中猴子玩耍了？"

"果然了得！"慧忠面露赞许之色。称赞过后，他就将风行雨散的心念悉数收起，反观内照，进入禅定的境界，然后才笑吟吟地问:"请看老僧如今在什么地方?"

结果,三藏神通过处,只见晴空无云,水潭无月,人间无踪,明镜无影。

三藏使尽了浑身解数,天上地下地彻照,也不见慧忠的心迹,一时间,茫然不知所措。

这时,慧忠缓缓出定,笑着对三藏说:"阁下有通心之神力,能知晓他人的一切去处,可是却不能探察我的心迹,你知道这是为什么吗?"

三藏满脸迷惑。

只要心迹存在,就可以被人洞察。只有心外无物,超然处之,才能达到真正的豁达境界。心外无物,即是放弃一切世俗的欲望,心无杂念,用心来感受世界,达到真正的平静。

俗话说,海纳百川,很多人将"大海"作为浩瀚胸襟的代名词,人的心是大海与高山都不能比的,解除心中的框框,把心放空,让心柔软,就能包容万物、洞察世间,达到真正心中万有,有人有我、有事有物、有天有地、有是有非、有古有今,一切随心通达。星云大师说:"空才能容万物,茶杯空了才能装茶,口袋空了才能放得下钱。鼻子、耳朵、口腔、五脏六腑,空了才能存活,不空就不能健康地生活了。就像两个人相对交谈,也需要一个空间,才能进行。所以,空是很有用的。"

开阔视野

【原文】

蜩与学鸠笑之曰:"我决起而飞,抢榆枋而止,时则不至,而控于地而已矣;奚以之九万里而南为?"适莽苍者,三餐而反,腹犹果然;适百里者,宿舂粮;适千里者,三月聚粮。之二虫又何知?

小知不及大知,小年不及大年。奚以知其然也?朝菌不知晦朔,蟪蛄不知春秋,此小年也。楚之南有冥灵者,以五百岁为春,五百岁为秋;上古有大椿者,以八千岁为春,八千岁为秋。此大年也。而彭祖乃今以久特闻,众人匹之,不亦悲乎?

【翻译】

蝉和小鸠讥笑大鹏说:"我尽全力而飞,碰到榆树和檀树就停下来,有时飞不上去而投落地面就是了,何必要飞九万里而往南海去呢?"到郊野去的,只带三餐粮食而当天回来,肚子还饱饱的;到百里路远地方去的,要准备一宿的粮食;到千里路远地方去的,就要预备三个月的粮食。这两只虫鸟又哪里知道呢?

小智不能比大智,寿命短的不能比寿命长的。怎么知道是这样呢?朝生暮死的虫子不知道一个月的时光,春生夏死、夏生秋死的寒蝉,不知道一年的时光,这就是"小年"。楚国南边有一只灵龟,以五百年为一个春季,五百年为一个秋季;上古时代有一棵大椿树,更以八千年为一个春季,八千年为一个秋季,这就是"大年"。彭祖到现在还以长寿而传闻于世,众人都想比附他,岂不是可悲叹吗?

庄子认为境界高下的标准是内在的、内心的,而不是外在的、物质的。庄子最会讲故事,天马行空的想像力令人叹服,更让人于不知不觉中领略其玄妙。麻雀代表一般百姓,他们不明白人生的道理。庄子的意思是：鱼需要水，限制较大；鸟需要空气，拘束少多了；鸟若飞到高空，就可以不费力气而自由飞翔。把这个寓言说实了，就是：人若经由适当的修炼，可以启动内在的能量，逐步减少外物的干扰，有如"鲲化为鹏"。当然，这里所强调的"大"字是个关键，意思是要敞开心胸，容纳万物。

庄子在谈人的时候，已经不再局限于人的本身，而是从人与他的母体的关系上，从人与他所处的宇宙环境的关系上来讨论。庄子的空间十分开阔，从《秋水》里可以感觉到，四海在天地间，就像蚁穴在大泽里；中国在四海之内，就像一粒小米在大仓中，物类名称有万种之多，人类只是万物之中的一种；九州之内的人众之多，个人只是人类中的一份子。因此，个人和万物比起来，就像马身上的一根毫毛一样。在这里，庄子为我们打开了一个无限广阔的空间系统，也打开了我们狭小的眼界和封闭的心室，使思想的视野得以充分展开，使人类的小心眼为之阔大。他的用意在于，使人类从自多、自大、自高、自傲的封闭陋室中走出来，抬头天外，放开眼量，透破现象界和形器界的重重封隔，从宇宙大规模上来确定个体生命在自然界中的空间位置。

庄子一生论述的主旨就是指出通向逍遥之路，实现个人与内心世界的超脱解放。庄子的逍遥游是无限性的、超越性的精神之游，展示了人和灵魂关系中的自由，同时涉及人和自然的关系。所谓逍遥，就是自由。这种自由是无待的，是超越时空的、无条件的、绝对而永恒的自由。现实的地位、财富、欲望的满足无法让庄子快乐，他需要的是超越现实拘束或奴役之苦之上的逍遥之乐。

学者刘笑敢认为,庄子的逍遥之乐在于超越现实束缚的自由的感觉,在于独与天地万物相往来的体验,这也是一种精神的满足,但不是现实欲望的满足。

这种精神境界的提升可以是无限的,可以达到与天地万物融为一体的精神体验。从现实之苦到逍遥之乐的转化的关键在于心灵的宁静,而心灵的宁静在于认识到世界的客观性和非目的性,避免面对苦难时的狭隘的、个人的、目的性的解释;在于认识到人类自身的有限性,避免对个人或群体抱过高的期待。在这样的基础上,人们才可能超越现实之苦,去追求精神境界的无限提升。

庄子和佛祖一样,都有那种把大千世界放在眼前、用显微镜审视的空阔心境。不同的是,庄子一辈子都跟功名富贵没有缘分,长期生活在穷困潦倒中,佛祖却是弃富贵而取贫穷。

普通众生跟佛陀的区别,就在于佛陀的心量开阔广大,所谓"心包太虚,量周沙界",能够容纳无量无边的世界。而我们普通人心量则小到连一个人都不能容纳,起心动念想到的都是自身的利益。

为什么要摆脱狭隘?世上的人,有的人认为"吃饭是为了活着",为了心中的远大理想而活着;有的人认为"活着就是为了吃饭",能够过上安逸的日子就足够了。于是,有的人成就了一番大事业,而有的人只能默默无闻一辈子。我们可以从很多的成功者身上总结出一条:他们之所以成功,就是因为他们都富于远见,有博大的胸怀和远大的目标,并自始至终为之不懈奋斗。正如人们常说的,心有多大,舞台就有多大。这种远大的胸怀和目标是他们走向成功的基石,也使他们历经磨难而不气馁,从而获得成功的果实。下面这个故事就值得我们认真思考：

一位智者与三个砌砖工人谈话，地点就在三人工作的工地上。

智者问第一个工人："你在干什么？"

工人回答："我为拿工资而工作。"

他用同样的问题问第二个工人，回答是："我在砌砖。"

但当他问到第三个工人时，他热情洋溢地回答："我在建一座教堂！"

那三个人在做同一种工作，但只有第三个工人受到远见的指引，他找到了那幅宏图，宏图给他的工作增添了价值。也许很多人认为这不能说明什么问题，不过是个人的想法不同罢了，但是就在这最不经意间，流露出来的最能显示出个人的胸怀。

在通往成功的道路上，博大的胸怀往往会给自己提供一个同样宽广的发展平台，成就更为高远的目标。大胸怀可以增强一个人的潜力，人越有博大的胸怀，就越有远见，越有潜能。缺乏远见的人可能会被等待着他们的未来弄得目瞪口呆。风云变幻会把他们刮得满天飞，他们不知道会落在哪个角落，等待他们的又将是什么。

用开阔的心量来容人容事，是一种精神，一种境界。这种境界对于我们每个人都很重要，尤其在为人处世中。只有心量开阔，才能客观公正地评价一个人；也只有心量开阔，才能成就一番事业，实现自己的理想，大有作为。

心量开阔带给我们的不单单是精神上的快乐，而且还会帮助我们创造人生的奇迹。因为我们心量开阔，心情就好，心情好做事就充满了热情与勇气；因为我们对工作充满了热情和勇气，所以工作就蒸蒸日上，事业越来越顺利，人会因此变得自信,事业因此能取得更大的成功。

摆脱狭隘

【原文】

若夫乘天地之正,而御六气之辩,以游无穷者,彼且恶乎待哉?故曰:至人无己,神人无功,圣人无名。

【翻译】

若能顺着自然的规律,把握六气的变化,以游于无穷的境域,他还有什么依待的呢?所以说:"至人无己","神人无功","圣人无名"。

《庄子》其书,以其想落天外的构思,意深旨远的寓言,曼妙朦胧的情致,与天地万物共舞的神采,渊深海涵的襟抱,受到了后世文人毫不吝啬的称誉:"其言汪洋自恣","吐峥嵘之高论,开浩荡之奇言","吾昔有见,口未能言。"

庄子对生命本体的独特洞察超越了狭隘的思维空间,成为中国式天人合一的典范。在化解了外在有形的限制,回归到内心之后,接下来第三步就是往上超升了。庄子有个观念叫做"天人合一",庄子说:"人与天,一也。"人与天是合一的。

庄子通过和惠子关于游鱼的辩论,启发我们,只要化解"人类中心"与"个人自我中心"的意念,就可以体验无限宽阔的境界,感觉大自然的一切是"声气相通"的。天地与我并生,万物与我合为一体,就是将人的目光从日常琐屑小事中摆脱出来，投向广阔的宇宙时空，突破一切以人的标准为中心的狭隘目光，站在与天地宇宙一样广阔的高度来看待万物的发展变化，才有自由的境界。

庄子发现了生命存在时间上的短暂、空间上的渺小，并启发我们，只有从更广阔、全面、多元的角度来看待生命，才能让自己获得多角度理解和认识社会的角度。庄子很轻易地便化解了我们在时间的过程中所产生的焦虑，进入一种无始无终的境地。

庄子哲学，最难懂的当然是这个"道"字。"道"并不是我可以客观加以界定的对象，而是包含一切客观与主观之物的"整体"。整体是唯一的，我们身在其中，又怎能看清庐山的真面目呢？我们看待任何事物，只要走出自我中心的狭隘范围，那么随着观点的提升与扩大，眼界与心胸也将不同凡响。如果抵达"道"的境界，亦即可以从"道"的角度来观察万物，则将觉悟"一切都很好"。王叔岷先生精研《庄子》，认为庄子不是一般所说的"为我，放任，避世，空谈"，而是忘我、顺其自然、入世而超世。

成、住、坏、空，这是佛学讲的从无到有，又从有到无的过程。一切来由，皆有定数。茫茫宇宙，无数星体、微尘，人，就是这微尘之中的一粒。佛陀在菩提树下成道时说："奇哉！奇哉！一切众生皆有如来智慧德相，只因执著妄想而不能证得。"这才是真正的自己。

一位禅师，有一个爱抱怨的弟子。

有一天，禅师派这个弟子到集市买了一袋盐。当弟子回来后，禅师吩咐他抓一把盐放入一杯水中，然后喝一口。

"味道如何？"禅师问道。

"咸得发苦。"弟子唾弃着。

禅师呵呵地笑了。

随后,禅师领着弟子来到一湖边,吩咐他把剩下的盐撒入湖里,然后说道:"现在尝尝湖里的水。"

弟子弯腰掬起一捧水尝了尝。

"什么味道?"禅师问道。

"甘甜可口。"弟子回答。

"你尝到咸味了吗?"禅师又问。

"没有。"弟子答道。

禅师点了点头,微笑着对弟子说:"生命中的痛苦是盐,它的咸淡取决于盛它的容器。你愿做一杯水,还是一片湖?"

是的,生活中的痛苦就好像是盐,它不会更多,也不会更少,品尝同样程度的痛苦时的感受取决于我们把痛苦置于何地。痛苦之于心灵,恰如盐之于容器。当你面对痛苦时,你唯一能做的事就是开拓你看待事物的眼界,开阔你包容事物的胸怀,不是将痛苦放进一杯水,而要将它稀释到一片湖。

人生活在世界上,无论家庭、工作都可能会出现困难思虑,同样的一件事不同的思维模式,不同的心态,事情会是截然不同的结果。如果你是心胸狭窄的人,你会生活的很累,你会觉得所有的人和事都和你过不去,心情会很糟糕,但扩大心胸,事情结局会是不同的,你的心情也会不同。

一位信徒问无德禅师道:"同样一颗心,为什么心量有大小的分别?"

禅师并未直接作答,回答信徒说:"请你将眼睛闭起来,在心中建一座城垣。"

于是信徒闭目冥思,心中构想了一座城垣。

信徒:"城垣造好了。"

禅师:"请你再闭眼默造一根毫毛。"

信徒又照样在心中造了一根毫毛。

信徒:"毫毛造好了。"

禅师:"当你造城垣时,是只用你一个人的心去造?还是借用别人的心共同去造呢?"

信徒:"只用我一个人的心去造。"

禅师:"当你造毫毛时,是用你全部的心去造?还是只用了一部分的心去造?"

信徒:"用全部的心去造。"

于是禅师就对信徒讲禅:"你造一座大的城垣,只用一个心;造一根小的毫毛,还是用一个心,可见你的心是能大能小啊!"

人心可大可小。禅的世界可以包容天地,禅心如宝藏,应善于开发,用禅心去体会人生,渐渐地净化为一颗大彻大悟的平常心。心界本广阔无边,唯靠自心所悟,悟大则大,悟小则小,并无定数。用禅心一一启化,方可大彻大悟。

经过"无名"、"无功"、"无己"、"心斋"、"坐忘"、"致虚极",才能成为"真人",进入逍遥境界,"乘天地之正,而御六气之辩,以游无穷者"(《逍遥游》)。逍遥是无挂无碍优游自在,是在真正摆脱了知识障蔽之上的自由境界。逍遥看透名利的束缚和生死的羁绊,是摆脱无所待状态的"虚己无心"。逍遥是在心灵境界上的"无",就像湖面上的水波,它的内心是空荡的。

庄子是复杂的,他走过了人间世的艰难,完成了从形体到心灵的成长,消融了心中无数的丘壑,父子之亲、君臣之义,功名利禄之网、是非善恶之结,所有的丘壑都被抹平,归于虚者心斋,归于无何有之乡,广莫之野。跟随着庄子,在喧嚣的尘世间，聆听天籁的清风，慢慢的，我们的思想也会随之"乘云气"，"御飞龙"，从而达到超越天地的无人之境了。

禅宗启发我们，以开放的态度，从观照外境而回观内心，空虚发声，满盈静默。大千世界的"成、住、坏、空"，与有情众生的"生、住、异、灭"，同样皆须经历"生起、维持、变异、坏灭"等过程。一切都只是因缘的生灭罢了！大自然如一面明镜，反映了人类的内心。借由观察自然，我们也了知自己的身心。

游心于道

【原文】

曰："藐姑射之山，有神人居焉。肌肤若冰雪，淖约若处子；不食五谷，吸风饮露；乘云气，御飞龙，而游乎四海之外；其神凝，使物不疵疠而年谷熟。吾以是狂而不信也。"连叔曰："然。瞽者无以与乎文章之观，聋者无以与乎钟鼓之声。岂唯形骸有聋盲哉？夫知亦有之！是其言也，犹时女也。之人也，之德也，将旁礴万物以为一，世蕲乎乱，孰弊弊焉以天下为事！之人也，物莫之伤：大浸稽天而不溺，大旱金石流，土山焦而不热。是其尘垢秕糠将犹陶铸尧舜者也，孰肯以物为事！"

【翻译】

他（肩吾）说："在遥远的姑射山上，住了一个神人，肌肤有若冰雪一般洁白，容态有如处女一般柔美；不吃五谷，吸清风饮露水；乘着云气，驾驭飞龙，而遨游于四海之外。他的精神凝聚，使物不受灾害，谷物丰熟。我认为这是发诳言，所以不以为信。"

连叔说："当然啦！瞎子无法和他共赏文采的美观，聋子无法和他共赏钟鼓的乐声。岂止是形骸有聋有瞎吗？心智也有的啊！——这个话，就是指你而言的呀！那个神人，他的德量，广被万物合为一体，人世喜纷扰，他怎肯劳形伤神去管世间的俗事呢！这种人，外物伤害不了他，洪水滔天而不会被溺毙，大旱使金石熔化、土山枯焦而他不会感到热。他的尘垢秕糠，也可以造成尧舜，他怎肯纷纷扰扰以俗物为务呢！"

追求"逍遥"，精神的逍遥，在《逍遥游》中得以充分体现，"乘物以游心"，"乘天地之正，游于六气之外"。精神进入一个缥缈虚无、清静无涯的天地，体会毫无挂碍的空灵自由与无拘无束，这是庄子在走投无路时冥想幻化出来的一种境界。逍遥要与大道合一，成为至人、真人、神人，与大道合一则无所不能，无所能伤，可以超越拔高而不封顶，可以做到姑射山上的神人那个境界，做到令尧舜也自惭形秽的地步。

庄子则认为，"道"不可刻意追求，无思无虑始知道，无处无服始安道，无从无道始得道。这与佛陀舍身体时无人相、无我相、无众生相、无寿者相，菩萨摩诃萨不行般若波罗蜜，方行般若波罗蜜何其相似。庄子要的就是天地之正、六气之辩（变），游于无穷——不游也全无所谓。懂了无穷，体悟到了无穷，就是逍遥之游喽！无穷才是根本，进入了无穷就是逍遥地游个不亦乐乎啦，才能真正地解放，真正地逍遥，真正地游——物物而不物于物，即使用外物，而不被外物使役；真正地主宰自身，优游自适。

禅释庄子

庄子认为,一切相对的是非都可以用绝对的"道"来涵盖。在绝对的"道"的面前,世间相对的是非都是无谓的,都是虚无的,都是可笑的。庄子仿佛在构思一个梦,一个色彩斑斓,却又混混沌沌的梦。在他的梦里,没有美丑,没有好坏。相对于他的梦而言,外面的世界是隔绝的空间。与他的梦相比,外面的世界是黑暗空洞的,是腐化堕落的,总有一天要毁于一旦。

庄子的人格理想是无为自然,逍遥自由。在他那里,没有压抑的陈规旧套,没有令人疲惫的奔波劳累,也没有使人恐怖的空虚,更没有被压迫的痛苦。他的世界中没有禁忌,没有禁地。在庄子的眼中,尘世的一切的情欲之惑、名利之诱、物我对立、生死之别以及一切束缚、压制人类诗性能力和丰满个性的人伦秩序、社会规范都消遁于无形。

六祖弟子玄策游览河北,路过此地,问智隍:"你在这儿干什么?"

"入定。"智隍说。

玄策问:"你所说的入定,是有心的入定呢,还是无心的入定?若无心的入定,一切草木瓦石,都可以叫入定;若有心的入定,一切有情感知觉的生物都应该得到入定。"

智隍说:"我入定时没有'有''无'之心。"

玄策说:"既然没有'有''无'之心,就是常定。既是常定,又有什么出'入'呢?"

智隍不能对答,说:"请问你拜谁为师?"

玄策说:"曹溪六祖。"

智隍问:"六祖怎么讲禅定?"

玄策说:"师父讲:'五阴本空,六尘非有,不出不入,不定不乱'。"

不久，智隍到曹溪拜谒六祖，陈述了上面的情况。六祖说："正如你谈到的，要心如虚空，又不执著于空见，无障无碍，动静无心，就如你的自省的样子，何时不定呢？"智隍大悟。

六祖又开示众人说："什么叫坐禅呢？对外界一切善恶环境不起心念叫坐；对内自省不动叫禅。什么叫禅定呢？对外能摆脱一切现象的干扰为禅，内心不乱为定，外禅内定，就是禅定。"

禅者认为待人处事要保持不被境界所牵动的态度，要保持不被贪欲蛊惑的定心，要保持不被冒犯所激怒的平静，这就叫禅定。

藏慧禅师五年前收了一个学僧，这个学僧很勤奋，但是学问一直没有多大长进。学僧认为是自己没有慧根，便日渐失望。

有一天，学僧向藏慧禅师道出了自己的苦恼："师父，学僧辜负您对我的期望，我天生没有慧根，再这样下去只会令您更加失望。请您把我逐出庙门吧！"

藏慧禅师吃了一惊："你跟随我多年，我怎么会将你逐出庙门呢？"

学僧无奈地说："师父您看我每日也很是用功，可是由于我慧根浅薄，学业上一直没有长进，根本悟不出禅的精髓。您说我还有什么脸面再呆在这里？"

藏慧禅师语重心长地说："悟，是一种内在本性的流露，它只可意会不可言传，根本无法形容，也无法传达给别人，更是学不来，也急不得的。道源自于心，只要内求于心，悟出心之本意即可！"

学僧委屈地说道："师父，我跟同参们一比，立刻就有小麻雀见大鹏的惭愧。"

藏慧禅师笑着问道:"大又怎大,小又怎小?"

学僧说:"大鹏展翅翱翔云端,能飞越千山万水,而麻雀两只细脚,蹦来蹦去却只在草根树木之间!"

藏慧禅师意味深长地问道:"大鹏能飞越千山万水,但是它能飞越生死吗?"

学僧当下顿悟。

追求内在之道,没有"大""小"之分,就在于能否开悟。在觉悟者的心中,心心叠印,性性相通,解除心的框框,把心放空,让心柔软,就能包容万物,洞察世间。

天下熙熙,人生如旅,行、住、坐卧,皆是道场,当如苏轼的《定风波》词作所言:"莫听穿林打叶声,何妨吟啸且徐行。竹杖芒鞋轻胜马,谁怕?一蓑烟雨任平生。"当宠辱不惊,去留无意。所以,真正有道德有涵养的智者,总是秉承"大道法则",消融"分别心",顺其自然,尊重他人,从不强求、逼迫他人。他们会本着自己的良知去关注他人,真诚地关心和帮助他人。

"分别心",即心对境起作用时,取其相而思维所引起,亦即对现前之事物产生是非、善恶、人我、大小、好坏、美丑等种种之差别观感。高境大师点化我们,凡事"一切心中明白"就好,如此,自然能无分别心,也就是说,在地球之上,既然存在着"阴阳两面",万事自然无两全(完美),世间的一切,同一人、事、物,存在着好的一面,即有另一面不完美的存在。

秉承"大道法则"的人,看似无喜无悲,轻松自在,却不空虚寂寞,无须借由任何的人、事、物,来将其填补,以超然达观的心境,面对真实的人生,不贪求,不逃避,知其世间之短暂拥有,明白自己真实的现在,清楚以道观之,我们在时间长河里的姓名、职位、名望等,都是相对的,不过是表面的东西,是可以从生命里面剥离出来的东西。这也是《道德经》第一章特别要告诉我们的，即无名万物之始是我们的根本。我们不应该局限于这个世界表面的区分，黑与白、正与邪、美与恶的区分都是表象的，更应该从生命的本身去理解，打破这种有形的局限。

心之逍遥

【原文】

今子有大树，患其无用，何不树之于无何有之乡，广莫之野，彷徨乎无为其侧，逍遥乎寝卧其下。不夭斤斧，物无害者，无所可用，安所困苦哉！

【翻译】

现在你有这么一棵大树，还愁它无用，为什么不把它种在虚寂的乡土，广漠的旷野，任意地徘徊在树旁，自在地躺在树下。不遭受斧头砍伐，没有东西来侵害它，无所可用，又会有什么祸害呢？

庄子的生命哲学强烈地彰显出渴求脱离这种"生的桎梏"的精神憧憬，在文字中始终表达着对于生命个体的本真化存在状态的期待。这种理想的生命境域就是能够真正顺应道之自然存在的生命状态，无依无傍，无为无欲。

人类若想实现一种理想的生存状态，就必须竭尽全力去突破一切现世的局限性。不管是生命个体赖以存在的物质躯体，或者各种各样的精神束缚，这一切都要被彻底地抛弃，唯有外生死、去利害、无为无用的存在状态才是人类所追求的至善至真的生命境域。这是庄子的启示。

魏晋时期,社会动乱,阶级矛盾十分激烈,一些士人、朝中大夫学习庄子,借为《庄子》做注解和诠释来获得一种人生解脱。嵇康有《庄子论》,阮籍有《达庄论》,向秀有《庄子注》、《庄子音》。陶渊明为了五斗米而不得不去做官时,他心里是非常的无奈和痛苦。"误落尘网中,一去三十年",表现他对黑暗污浊、束缚人性的官场的憎恶。宋代苏轼政治上卷入了新旧党争,屡遭贬谪,仕途坎坷,但他既不失封建士大夫的社会责任感,保持独立自守、不阿权势的政治立场,又时常从老庄哲学、佛禅玄理中追求精神的解脱。他在《前赤壁赋》中通过主客问答的表现手法,用思想中积极的一面说服消极的一面。他讲道:"盖将自其变者而观之,则天地曾不能以一瞬;自其不变者而观之,则物与我皆无尽也,而又何羡乎!"这几句话对后世文人淡泊宁静的人格追求,影响至为深远。苏轼的这些观点明显是受到《庄子·德充符》的启发。

庄子的"逍遥"不同于近现代西方式的、从社会群体个人的关系中强调个人的重要性的个人主义观念。中国的"逍遥",是对于社会、群体已经形成的价值判断的主观摆脱,至少是暂时遗忘。西方强调的自由、个人主义本身,则是一种价值认定和法制保证,庄子所追求的自由,不是外在的现实性的自由,而是内在的、精神上的自由。这是因为,庄子把人不自由的原因本质上归结为对心灵的束缚。在他看来,人之所以不自由,不是源自于外,而是源自于内,源自于个体心灵的自我束缚,即心存"桎梏"、"怀有"心结的结果。要想自由,必须超越束缚,亦即在心灵上对现实存在的必然性予以超越。庄子认为这种超越必须做到无己、无功、无名。

庄子的心境，颇似禅者的心。无杂念，内心不乱才能禅定。禅定者，能放弃外界色相诱惑，超然物外，保持一颗安定的心。一个人只要心里平静、安定，就能运用自己的智慧，去解决生活的问题，因为禅定给智慧提供了孕育的空间。

若在任何处境中都能做到睡觉时不做梦，醒来时无忧愁，饮食不求精莱，呼吸均匀深沉，就能够随遇而安。

宋朝的天安禅师自幼喜爱佛法，少年出家后，在天台山的佛窟庵修行。

到了天台山，他用树枝和茅草盖了一间草庵。

他平日里以泉水滋润身体，每天只在中午时采摘山中的野果充饥。天天如此，不知过了多少年。

这天，有一个樵夫路过草庵，见到一个修道老僧，好奇地问他："您在此打坐多久了？"

天安禅师回答道："大概已有四十个寒暑。"

樵夫又好奇地问道："只有你一个人在此修行吗？"

天安禅师点头道："深山老林，一个人在此都嫌多，还要那么多人干什么？"

樵夫又问："难道你没有其他的朋友吗？"

天安禅师拍掌三声，一时间，一群虎豹从庵后涌出，樵夫大惊失色。

天安禅师忙说别怕，并示意虎豹退回庵后。

禅师道："你看到了吧，我的朋友很多，山河大地，花草树木，狼虫虎豹，都是我的伴侣。"

樵夫听后深受感动，自愿皈依佛门。

从此，修道者纷至沓来。

禅释庄子

要专注于自己的目标，不被外物所动，再大的诱惑也不能牵制自己的意志和目光，要真正达到无牵无挂的境界。只有永葆一念明朗无染的心，才能笑看世间万物，轻松愉快地去享受生活中无穷的乐趣。生活在繁杂的尘世，喧嚣和忙碌让现代人少了些许宁静，多了太多的浮躁。听听禅师的话，追寻内心的平静，踏踏实实地生活，这才是生命的本真。

古往今来，许多智者以出世的思想做入世的人，身在红尘却不为俗事所扰。其实通往自在净土的方法很简单，不管你阅世再深，只要你能用心看破万物的本质，放下那颗执于物的心，不被世事牵动，保持一种不染万境而常得自在的心就可以了。

第七章 《庄子·应帝王》——保持自性

在生命的意义上,每个人都是自己的帝王。

成为帝王,不是成为世俗的皇帝,而是让自己成为生命和世界的主人。

如何成为生命和世界的主人?就是回到生命本初的状态,没有任何欲望,打破万物界限,成为一个整体。

庄子的心始终是虚静又清冷的,他对这个世界有着一种无法释然的关怀,这种关怀就像寒冬夜晚注下的光波。

外物之累

【原文】

啮缺问于王倪，四问而四不知。啮缺因跃而大喜，行以告蒲衣子。蒲衣子曰："而乃今知之乎？有虞氏不及泰氏。有虞氏，其犹藏仁以要人，亦得人矣，而未始出于非人。泰氏，其卧徐徐，其觉于于，一以己为马，一以己为牛；其知情信，其德甚真，而未始入于非人。"

【翻译】

啮缺问王倪，问了四次而四次都回说不知道。啮缺喜欢得跳跃起来，走去告诉蒲衣子。

蒲衣子说："你现在知道了吗？有虞氏不如泰氏。有虞氏还标榜仁义以结人心，虽然也能得人心，但是还没有超脱外物的牵累。泰氏睡时安闲舒缓，醒时逍遥自适，任人把自己称为马，任人把自己称为牛。他的知见信实，他的德性真实，而从来没有受外物的牵累。"

庄子发现，物质文明的发展带来了"人为物役"的现象，"小人则以身殉利，士则以身殉名，大夫则以身殉家"，"世俗之君子，多危身弃生以殉物"。名利作为个体生命的身外之物，不但没有给人以帮助，却日益成为巨大的异己力量。

现代人，受制于名利与金钱，尔虞我诈，勾心斗角，或沉浮与宦海，或挣扎于商界，天下熙熙，皆为利来，天下攘攘，皆为利往，活得太累，太累了。名利和金钱，真的有这么重要吗？难道"没有钱"是我们与时代同步的障碍吗？当然不是。

道家认为烦恼的滋生在于人一味追逐物欲，使人失去本性。道家反对机心，主张要绝圣弃智，返璞归真。老子说道："五色令人目盲，五音令人耳聋，五味令人口爽；驰骋畋猎令人心发狂；难得之货，令人行妨。是以圣人为腹不为目，故去彼取此。"老子唤醒人要摈弃外界物欲生活的诱惑，而持守内心的安宁，确保固有的天真。"其出弥远，其知弥少"，如果我们的心思一味向外奔驰，将会使思虑纷杂，精神散乱，一个轻浮躁动的心灵自然无法明澈地透视外界事物。

面对楚国相位的诱惑，庄子"持竿不顾"地说：我听说楚国有一个神龟，死了三千年，楚王用布巾把龟壳包上，用盒子装起来，摆在庙堂之上，准备用来占卜国家大事。我们站在老乌龟的立场上想一想，是愿意死了以后让人家把骨头供起来呢，还是愿意活着没有人理睬，拖着尾巴在泥里爬来爬去呢？那两个大夫说，还是在泥里爬来爬去吧，那到底是活着。庄周说，你们走吧，我宁愿做摇着尾巴在泥滩上爬的乌龟，在淤泥中快活嬉戏啊，哪愿意做什么宰相受束缚呢？

在庄子看来，各种外在功名利禄、声色犬马等物欲享受是人之固有本性，是与生俱来的。对于这样的本性，庄子虽不赞同但又显得无可奈何。他感叹道"以物易性"："自三代以下者，天下莫不以物易其性矣。小人则以身殉利，士则以身殉名，大夫则以身殉家，圣人则以身殉天下。故此数子者，事业不同，名声异号，其于伤性以身为殉，一也。"(《庄子·骈拇》)意思是说，自黄帝以来的人们无不是在用物欲代替原初本性，为了追求名、利、家国、天下这些身外之物，下至普通百姓，上至所谓圣人，虽然身份不同，但无所幸免地将原初纯真之身玷污了，所有的人都成为物欲之人，"丧己于物，失性于俗"（《庄子·缮性》）。

对于穷人来说，只有一个烦恼——养活一家人，这就很单纯，在单纯的观念里面，生命就容易变得比较深刻。如果你什么都得到了，你就会时刻想着如何保持，新的烦恼随之而来，庄子大声疾呼，物欲世界却无可避免地"异化"着纯真的生命本性，所有的人都沦为物欲的奴隶而不能自拔。此为个体生命之一困也。天地与我同时存在，万物与我合为一个整体，有这样想法的人，他的生命可以摆脱每天当下的需求。庄子就是这么启发我们的，不要有外物之累。

庄子在濠水体会"知鱼之乐"的快感，这是一种想把自己变成水的快乐心态；他又在梦中化为蝴蝶，这是一种展翅高飞的脱世心态。在人生的难处，我们不妨学习庄子的这两种心态去减轻生命之重。当你在心态上重造一个自我时，就会享受自己，从而进入做人的闲适之境。

要做一个自我超越的人，就必须摆脱世俗的枷锁，否则很容易为名利所困。为名利所困的人是很难超越世俗的。有些人做了一辈子人，都没有为自己生活，都是厨师，做了半天饭，都是做来给别人吃的。因此人必须要超越世俗的枷锁，才可以不为名利所累，做到"圣人无名"。在生活中为欲望所迷失、困惑，这是人类这种动物的本性。如果放任自流的话，我们就会无止境地追求财产、地位、名誉，甚至乐此不疲。

美国的石油大王约翰·D·洛克菲勒（后人称他为老洛克菲勒），因为做石油生意，他在早年就成了百万富翁。过了些年，他创建了"标准石油公司"。到了1880年，他建立了世界上最大的垄断企业。这时候的他，可以说是世界上最富有的人之一。

等他到了晚年时怎么样了呢？财富已积累如山。但他个人的生活如何呢？烦恼把他搞惨了！高度的紧张，太多的烦恼，使他的生活就像一根拉满了的弓弦，随时都有崩断的危险。这样的生活搞垮了他的身体，正像记者形容的那样，"（他）看上去像个木乃伊"。他大把大把地掉头发，头部已经光秃秃的，不得不花五百美元订作假发套戴在头上。医生说这是患了"脱毛症"，而这种病通常是过度紧张引起的。

做不完的工作、无穷的烦恼、长期的不良生活习惯、经常失眠，以及缺乏运动和休息，夺去了他的健康。他虽然是世界级大富豪，却只能吃些连穷光蛋都不屑一顾的食物，因为医生只准他吃酸牛奶和饼干。他当时每周的收入是一百万美元，而他每周的食物只需两美元。他的健康每况愈下，已完全失去了光泽的皮肤，像老羊皮包在骨头上，见到他的人都很吃惊。而金钱在这时候也派不上用场，只能为他做药物和医疗的费用，使他不至于在壮年死去。据熟悉洛克菲勒的人回忆，洛克菲勒早年就是吝啬要命的人。有一次，他托运一批价值高昂的货物，因保险费太高而没有上保险。当他听说途中遇上了强风暴时，急得如热锅上的蚂蚁，在屋里走来走去，通宵不眠。待到第二天早晨，他的职员来到他的办公室，见他正在地上焦急地踱步。"快！"他发抖地说，"看看现在是否还可以投保，如果不行的话，那可怎么办？"公司的人赶快跑到城里办了投保，当回到办公室把这个好消息告诉洛克菲勒时，他的情况更糟了。因为得到电报，货物已安全运到，洛克菲勒又为此损失了150美元而沮丧不已。那时候他的公司每年经手的生意已达50万，他却为150美元如此丧魂失魄，甚至大病一场。

他整天陷在生意圈里，没有时间休息，更没有时间娱乐，生活枯燥，缺乏幽默感。和他共过事的人，这样说他："对什么都不感兴趣，唯独为金钱发疯。"他也曾表示，希望有人爱他，但他如此为人，谁还愿意接近他。连他过去的好友都纷纷表示，"不愿再和他有任何来往"。就这样，在他事业达到顶峰之时，他的私人世界却崩溃了。人们，特别是新闻媒体开始公开谴责"标准石油公司"垄断、欺诈、不良竞争等不择手段致富的行为。洛克菲勒在一片谴责声中发抖了。他无法忍受人们对他的仇视，更受不了忧虑的侵蚀。他的身体更加不行了，疾病开始从内部向他发动进攻。起初，他还勉强支撑，将病情严加保密，但失眠、消化不良、脱发等烦恼和精神崩溃的肉体表征，是无法隐瞒的。最后，医生不得不把惊人的实情告诉他，只有两种选择：或是保住生命，重新生活；或是抓住财富和烦恼不放。医生进一步明白地警告他：他必须在退休和死亡之间做出抉择。经过痛苦的内心斗争，他选择了退休。医生为他立下三条规则：一是放下烦恼，在任何情况下，绝不为任何事烦恼；二是全身心地放松，坚持在户外做适当的运动；三是注意节食。这三条规则挽救了洛克菲勒的生命。他开始学习打高尔夫球，修剪庭院里的花草，和邻居们聊天，打牌，唱歌，跳舞。在娱乐之余，他又反省自己的过去，用很大的毅力不去想自己有多少钱。他开始为他人着想，思索把钱捐出去，为贫穷的人建设学校。

　　人类生活在这个世界，完全不享受外在物质的快乐是不太现实的。值得强调的是，要想获得健康的快乐，必须依靠内心这一主要因素，而外在物质是次要的。所以，一定不要对主要的追求和次要的追求在认识上出错，这是十分重要的。

　　身处浮躁时代，人容易在喧嚣尘世中迷失自己，作为感情动物,心难免为物欲所引,身难免为世俗所牵。两位和尚争论"风吹幡动,是风动?还是幡动"?六祖慧能回曰:"不是风动,不是幡动,是仁者心动。"大千世界,滚滚红尘,让我们心动不已的诱惑实在是太多了,但"弱水三千,只可取一瓢饮",与其心情浮躁地眺望远方的海市蜃楼,不如踏踏实实地享受身边每一份真实的感受。

人的欲望是无穷无尽的,如不懂控制必将带来无穷烦恼。

比如做生意的人开头要求不高,心想如果能赚十万块钱,老了就有保障了。结果赚了十万又想赚二十万了,起早摸黑拼命地干,朝着二十万目标前进。二十万赚到了,人家说:"你有二十万了,可以学法修行了。"可他说:"二十万算啥呀,现在人家都是百万富翁啦!"又要赚百万了,却没注意到头发在一根根变白,辛苦得气喘病发作。

俗话说"欲壑难填",欲望像海洋那样永远填不满,把人生珍贵的时光都花在这上面,结果到老死都没有佛法的智慧。

从前,传说在沙漠中有一座美丽的城堡,当太阳刚出来时,可以见到城门、瞭望台、宫殿以及来来往往的行人;随着太阳渐渐升高,城堡就慢慢消失不见。往往有些人会以为它是一个快乐的天堂,却不知道这座美丽的城堡只是沙漠中空气形成的一个幻象,根本就是虚无可得的。

有一群从远方来的商人,无意间看到这座沙漠中的城堡,心想如果能够到那里做生意,一定能够赚钱致富。于是,他们飞快地赶去。然而,当他们越接近城堡,就越是找不到。这时,他们沮丧地喊着:"我好累!我好热!我好渴!"当阳光照在热气上时,他们却以为是水。于是,又急忙向前奔去,但是同样的,他们越是向前走,越是找不到。渐渐地,他们疲乏到了极点,最后来到穷山恶谷中,忍不住大叫大哭。就在这个时候,他们听到自己的回音,误以为是有人在附近。于是,燃起了一线希望,决定再打起精神继续向前走。走着走着,他们便灰头土脸,愈走愈灰心。最后,他们终于猛然发现:他们追逐的只是一个幻象。一刹那间,渴求的心立即停止,个个恍然大悟。

海市蜃楼就是一种美丽的幻象,它会让你痴迷,以致疯狂地追寻,最终空无所获,甚至有可能在沙漠中迷失自己。平平淡淡才是真,为什么总是要在执意寻求后才幡然醒悟呢?在这个物欲横流的社会里,越来越多的人受到千奇百怪的诱惑,一些意志薄弱的人往往因此丧失了警惕,在不知不觉中迷恋上奢华的生活,难以抵御灯红酒绿的诱惑。所以官场也好,职场也罢,种种贪念如春天的野草般到处横生。

人类活着的意义、人生的目的到底是什么?对于这个最根本的疑问,我仍然想直接地回答,那就是提高心地,修炼灵魂。

的确如此,人只要活着,就必须衣食充足,而且,需要有保证能自由自在生活的金钱。此外,盼望出人头地,也是人生的动力之一,这也不应该一律加以否定。

佛教把人生比喻为"火宅",房子着火,危急万分,所以要赶紧觉悟。所谓的"火",是指人的欲望,以及因为错误识见而产生的猖狂妄行。

禅宗"见性成佛"之说,所谓"见性",亦指"自性",或称"佛性",以人人有此天赋之成道本性,人人皆可成为尧舜,人人皆可成佛,人人具有此心,与天地同流,即"唯天下至诚,为能尽其性,则能尽人之性;能尽人之性,则能尽物之性;能尽物之性,则可以赞天地之化育;可以赞天地之化育,则可以与天地参矣。"禅家妙道,最重要者为"不立文字"、"见性成佛",

全赖自力,不待他求。禅能帮助我们寻觅到心所失的乐园。

清静无为

【原文】

天根游于殷阳,至蓼水之上,适遭无名人而问焉,曰:"请问为天下。"无名人曰:"去!汝鄙人也,何问之不豫也!予方将与造物者为人,厌,则又乘夫莽眇之鸟,以出六极之外,而游无何有之乡,以处圹垠之野。汝又何帠以治天下感予之心为?"又复问。无名人曰:"汝游心于淡,合气于漠,顺物自然而无容私焉,而天下治矣。"

【翻译】

天根游于殷阳,走到蓼水之上,恰巧遇着无名人而问:"请问治理天下的方法。"

无名人说:"去吧!你这个鄙陋的人,为什么问这不妥当的问题!我正要和造物者交游,厌烦了,就乘着'莽眇之鸟',飞出天地四方之外,而游于无何有之乡,处在广阔无边的旷野。你又为什么拿治理天下的梦话来扰乱我的心呢?"

天根又再问。

无名人说:"游心于恬淡之境,清静无为,顺着事物自然的本性而不用私意,天下就可以治理好了。"

《庄子》里面所提倡的外化内不化,也就是指一个人在外在的生存中,在一个社会上,顺应规则,与人交往,遵从法度。

这一切都可以做外化的东西，也就是一个人在表面上可以非常随和，一切都可以放下来与人融通，这就是一种化境。但是一个人之所以为他自己，有他独特的价值观，有一个人的风格，有一个人内心的秉持，就在于他的内心是不是真正有他的不化，也就是说生命要有所坚持，而生存可以随遇而安。

庄子所说的内不化是指无论外界如何变化，一个人的内心，不要受外界的影响，一定要有所坚持，而庄子所说的外化，则是指在与外界的相处时，要使自己的行为与社会相顺应。但一向超脱的庄子，为什么会提倡顺应外在世界呢？仅凭内心的秉持，而无自下而上的造就，就无法安身立命。

庄子说，形莫若就，心莫若和，就不欲入，和不欲出，形就而入，且为颠为灭，为崩为蹶，心和而出，且为声为名，为妖为孽。一个人外在的形体上，要去迁就，大家怎么做的时候，你也跟着做就是了，不要从一开始就拍案而起，特立独行，掉头就走。久而久之，这个人就被排斥了。一个人的心莫若和，把心放宽和一点，宽和而清明地去看待这一切。但是做到这两点还不够，这两点也可能还有患，庄子特别提醒大家一个分寸问题，叫做就不欲入，和不欲出。一个人可以在表面上迁就，但是迁就得不欲入，就是不要过分地陷进去。一个人心里要宽和，不要表现得太明显。一个人表现出太多的宽和，你就可能会在这里面开始博取名声，为妖为孽，最后助纣为虐，陷入一场混乱。所以，外在可以随和，内心也可以宽容，但这一切都是有节制的。这种节制，就是庄子所说的"外"。一个人可以做到外化，就外化是就规则，而内心一定要有分寸。没有分寸，没有定力的人，外在也是做不好这一切的。

庄子的这一思想类似老子的"无为"——"无为"并非是"无

所作为"、"碌碌无为",什么事也不做,只是不做那些愚蠢的、无效的、无益的、无意义的,乃至无趣无聊,而且有害有伤有损有愧的事。无为是一种超然的智慧,它又体现为一种快乐原则。因为只有无为才能摆脱世俗名利的缠绕和羁绊,才会不为名利所累,金钱所惑,才不会自寻烦恼。庄子曾坚辞楚王千金重礼、卿相高爵不受,因为他深明"飞鸟尽,良弓藏;狡兔死,走狗烹"之理,不想去充当君王祭祀天地牺牲的那头牛,宁愿在田野里自由自在,无拘无束。

老子主张人不可一味外溢,应知内蓄。《老子》第十六章说道:"致虚极,守静笃。"这就是说,要认识事物的真相,必须要保持内心的安静。道家认为一个人运用心机会闭塞明澈的心灵,所以老子讲:"涤除玄览",就是去掉心中的一切欲望杂念,反观内心的本明,使心灵深处明澈如镜,从而达到"夫物芸芸,各复归其根"的虚静状态。

禅宗的无区别之心,颇似庄子的"游世"。禅悟者并不脱离于现实社会,他们是与事物直接面对的,由此就能形成自己的禅悟。"人生到处知何似?应似飞鸿踏雪泥。泥上偶然留指爪,鸿飞那复计东西"。飞鸿踏雪的飞行,只是本能不是心识。

苏轼是北宋著名的文学家、政治家,有很多关于他的故事都被流传了下来。人们都知道他是一个非常聪明、非常豁达的人,我们也能通过这样的故事看到一个真实的、可爱的苏轼。

相传,有一次苏轼穿着很普通的衣服进了一个寺庙参观。那个老方丈是一个非常势利的人,他瞟了一眼以后看见苏轼穿得不好,觉得此人只是一个穷酸的书生,于是就很冷淡地对苏轼说道:"坐。"转过头去吩咐小沙弥道:"茶。"

苏轼听了以后一愣,旋即笑了笑,并没有说什么。

后来,苏轼与老方丈论佛,谈了许久之后,老方丈惊讶地发现他其实是一个很有思想的人,对佛学有很深的领悟,水平不在自己之下,而且有着非常独到的见解。于是老方丈改变了对苏轼的看法,连忙把苏轼请到自己的禅房里进行详谈,对苏轼说:"请坐。"然后对他们寺里的小沙弥说道:"敬茶。"

　　再后来,老方丈通过与苏轼进行的详谈,发现苏轼的学问十分的渊博,对佛学和其他学说的看法都十分精深,不像是一个寂寂无名之辈,而且苏轼一举手一投足之间都表现出了良好的教养和修养,肯定是一个出身名门的人。于是,那位老方丈就试探性地问了苏轼的名字。苏轼笑了一下,然后很从容地告诉了方丈自己的名字。方丈听了以后非常的吃惊,立马恭敬地对苏轼说道:"请上坐。"然后慌慌忙忙地吩咐小沙弥:"敬香茶。"

　　最后,在苏轼要告辞的时候,那位老方丈厚着脸皮恳请苏轼给他们寺庙里面留字,想通过苏轼的墨宝来提升一下自己这个寺院的知名度。苏轼想了一下之后便答应了。

　　方丈于是就欣然找了很好的笔墨纸砚来给苏轼用,然后满怀期待地看着苏轼题字。众所周知,苏轼是一个文学大家,才情和字都是非常好的,他的墨宝简直是千金难求,有这样一个亲眼看苏轼作诗的机会,怎么能轻易地放过呢?只见苏轼提笔就写下了一副对联:"坐,请坐,请上坐;茶,敬茶,敬香茶。"

　　那位老方丈看了以后十分的羞愧,为自己今天的行为深深地后悔,这个故事也流传了下来。

　　苏轼的修养非常好,心境也很平和,他没有因为受到不好的对待就怒得拂袖而去,依然做自己该做的事。此与庄子倡导的"顺人而不失己""外化而内不化"有些相似。庄子倡导游世,游世乃是一种既顺应这个社会,又不丧失自我追求的处世态度。"在世"而非"入世","远世"而非"避世"的"游世"之道,成就了庄子在乱世之中独特的生命智慧。

顺其自然是最好的活法,不抱怨,不叹息,不堕落,胜不骄,败不馁,只管奋力前行,只管走属于自己的路。顺其自然是一种处世哲学,而且是一种很好的,很受用的处世哲学。正如单中谦先生所说,当今社会,正处于一种无不用极、用术的无序掠夺中,自私、冷漠、仇视等负面力量正在加强……激发人的贪心,把一个好人迅速变成一个贪心不足的人,最后控制不住自己。庄子提醒我们,莫被身外之物奴役。庄子的"物物而不物于物",就是要驾驭物,而不被物所驾驭。这里的"物"指什么呢?是指现在我们常说的身外之物,包括人类所拥有的一切,财富、权力、地位、名誉、身份。庄子提倡,我要驾驭万物,而不被万物所驾驭。庄子认为,人活在世上最大的烦恼与痛苦是纠缠于自我,不能达到无我。

"无为"并非是"无所作为"、"碌碌无为",什么事也不做,只是不做那些愚蠢的、无效的、无益的、无意义的,乃至无趣无聊,而且有害有伤有损有愧的事。无为,就是力戒虚妄,力戒急躁,力戒脱离客观实际,搞形式主义。这样就可把有限的精力、时间节省下来,才可能做一点事,这也就是有为。无为体现了一种效率原则。

无为是一种超然的智慧,它又体现为一种快乐原则。因为只有无为,才能摆脱世俗名利的缠绕和羁绊,才会不为名利所累,金钱所惑,才不会自寻烦恼。当然这里并不是说,人们不应该去追求功名。无为的要义在于有所不为,而不是无所不为,这样才能使自己不纠缠于鸡毛蒜皮之事,不醉心于蝇营狗苟之中。一个事无巨细都上心都操劳的人不会有成绩,一个斤斤计较于蝇头小利的人不会有作为,一个热衷于关系学的人不会有真正的建树,一个拼命做表面文章的人不会有深度,一个孜孜求成的人反而成功不了。一定要放弃许多诱惑,不仅是声色犬马消费享乐的诱惑,还有是急功近利寻捷径做事的诱惑,才能有所为。有意栽花花不活,无心插柳柳成荫,这正好说明强求而不得。

返朴守真

【原文】

明日,又与之见壶子。立未定,自失而走。壶子曰:"追之!"列子追之不及,反,以报壶子曰:"已灭矣,已失矣,吾弗及已。"壶子曰:"乡吾示之以未始出吾宗。吾与之虚而委蛇,不知其谁何,因以为弟靡,因以为波流,故逃也。"然后列子自以为未始学而归,三年不出。为其妻爨,食豕如食人。于事无与亲,雕琢复朴,块然独以其形立。纷而封哉,一以是终。

【翻译】

第二天,又邀了季咸来看壶子。季咸还没有站定,就惊慌失色地逃走了。壶子说:"追上他!"列子追赶不上。回来告诉壶子说:"不见踪影了,不知去向了,我追不上他。"

壶子说:"刚才我显示给他看的是(万象俱空的境界)未曾出示我的根本大道。我和他随顺应变,他捉摸不定,如草遇风披靡,如水随波逐流,所以就逃去了。"

列子这才知道自己没有学到什么,返回家中,三年不出门,替他妻子烧饭,喂猪就像侍候人一般,对于事物无所偏私,弃浮华而复归真朴,不知不识的样子,在纷纭的世界中持守真朴,终身如此。

庄子心中,那个变乱纷扰的时代中,人们已然失掉了一些东西,而他的任务就是去发现并取回这些东西(《庄子·缮性》),以三度"本性堕落"来说明人间现状的因由。庄子思想里有一种"内不化"的思想,"内不化"的意思是:内在里面对于宇宙精神、"道"有一个真切的了解,坚持我的原则,做一个真人。什么叫做真人?真人就是不虚伪的人。我外在跟你化在一起,但是我不受你的影响,内在保持一个主体精神,叫做内不化。只有内不化,你才能够说这是我内在的精神,你才能够去逍遥。当下虽然是高科技时代,非常需要"内不化"的思想。

庄子对生命充满了深沉的热爱与无比的眷恋,只是其心灵之上笼罩着一层感伤而神秘的纱帘。庄子认为,世界本来就是古朴的,所以只有回到古朴中去,才能寻找到人类固有自然之美。庄子是怎样赞美古人的质朴的呢?他说古时候的真人、智者不能说服他,美人不能使他淫乱,盗贼不能从他那里劫取什么,伏羲、黄帝也不能亲近他。

老子认为人的本性是善良的纯真的,而种种人类丑恶行为,则应当是不合理、不完善的社会制度造成人性扭曲的不正常现象。由此,老子坚持去伪存真,保留人性善美而契合自然之道的东西,摒弃所有引起人的贪欲的东西,尤其是当时流行的推崇贤能的风尚,更被他认为是最易产生罪恶的渊薮。在他的眼里,让人们在一种自由宽松的社会环境中保持人类淳朴天真的精神生活,与自然之道相契合,比物质文明虽然发达,但充满着危机、争斗、谋杀和阴谋的社会制度显然更符合于人类的本性。

《菜根谭》中记录了明人洪应明的对联:"宠辱莫惊,闲看庭前花开花落;去留无意,漫随天外云卷云舒。生固欣然,死亦无憾;花落还开,水流不断;我兮何有,谁欤安息?明月清风,不劳寻觅。"

《庄子·秋水》篇中有言道:"得而不喜,失而不忧;知分之无常也。"得到了荣誉、宠禄不必狂喜狂欢,失去了也不必耿耿于怀。人生在世,不如意之事十有八九,如果没有心静如水的定力,就会经常心生浮躁,患得患失。一个心无杂念、低调单纯的人,他的心是一片静谧的森林,没有喧闹,没有浮躁,是一种雾霭袅袅的清晨中随着微风低吟的舒缓心境。反之,则心境永远是风雨飘摇的。既然如此,何不在平和中找寻人生的美景,将一切都看作平常自然。高山流水、四季变换不过是轻轻而来,又轻轻而去罢了。世态炎凉、人情百态,乐也何妨?怒也何妨?唯有视宠辱如花开花落般平常,才能波澜不惊。

万境归心

【原文】

无为名尸,无为谋府;无为事任,无为知主。体尽无穷,而游无朕;尽其所受乎天,而无见得,亦虚而已。至人之用心若镜,不将不迎,应而不藏,故能胜物而不伤。

【翻译】

绝弃求名的心思，绝弃策谋的智虑；绝弃专断的行为，绝弃智巧的作为。体会着无穷的大道，游心于寂静的境域；承受着自然的本性，而不自我夸矜，这是达到空明的心境。至人的用心有如镜子，任物的来去而不加迎送，如实反映而无所隐藏，所以能够胜物而不被物所损伤。

庄子谈到人的修炼，总是不忘提醒我们"心如死灰"这四个字。为什么"心"要变得像死灰一样？因为心时刻在控制你我。

我们都知道"达摩面壁"的故事。

天竺高僧菩提达摩，在中国南朝梁代时，漂洋过海来到中国传授禅学。他来到中岳嵩山少林寺，寺中老僧对他并不热情，达摩便在寺后山上找到一个天然石洞，在蒲团上坐定，开始面壁修习禅定。这一修定，就是九年。面壁时间久，达摩的身形竟映入石中，留下了"面壁石"的奇观。起初少林僧众对达摩面壁，都抱着看热闹的态度，洞外终日人声喧哗，但达摩我行我素，并不受影响。九年过去，少林僧众都成了达摩的信徒，达摩由此成为中国禅宗初祖。

达摩面壁，是要使自己抵御外界的诱惑，保持内心的纯净，"心如墙壁"，从物欲的困扰中解脱出来。静坐修定，成为禅宗的一项重要修身方法。

我们也应该学会这一方法，再进一步，可以把它变成一种习惯。每天，最好是在晚上，或是清晨，抽出那么十几分钟、半个小时，找一个无人打搅的地方，静静地沉思冥想，或者干脆什么也不想，闭上双眼，深呼吸——吸气，吐气，再吸气，再吐气。当有杂念干扰你的思想时，你要轻轻地赶开它们，把注意力继续放在你的呼吸上，一遍一遍重复做。这时候，你心口的浮躁、焦虑、忧愁，就会慢慢离你远去。你会感受到神清气爽，生命的活力又回到了你身上……这就要求我们以静识物、以静观心，这也是人们认识真理和自我修养的基本方法。所以古人很早就倡导要在宁静中思考问题，从而透过表象把握事物的本质和规律。

《庄子·在宥》借老聃（亦即老子）之口说："你要谨慎，不可扰乱人心。人心排斥卑下而争求上进，在上进与卑下之间憔悴不堪；柔弱想要胜过刚强，棱角在雕琢中受伤；躁进时热如焦火，退却时冷若寒冰。变化速度之快，顷刻间可以往来四海之外。没事时，安静如深渊；一发动，远扬于高天。激荡骄纵而难以约束的，就是人心吧！"《庄子·列御寇》说得更为具体，还列出五种表里不一的情况："人心比山川更险恶，比自然更难了解。自然还有春夏秋冬、日夜的规律，人却是外表厚实，情感深藏。所以，有人外表恭谨而内心骄傲，有人貌似长者而心术不正，有人举止拘谨而内心轻佻，有人表面坚强而内心软弱，有人表面温和而内心急躁。所以，追求道义有如口渴找水的人，抛弃道义也像逃避灼热的人。修炼之道，首在认识自己，省察自己，回归于真实的自我。

由此可见，人心奇妙无比。若是任由身体感官去牵引，则心成为烦恼的根源、痛苦的渊薮，活着片刻也不得安宁。反之，若是进行适当的修炼，使心如死灰，然后从灰烬中将会展现人类生命中最可贵的部分，亦即灵性的力量。庄子认为人心的奇妙莫过于此。

朱慈目居士是一个对净土法门非常有修持的信徒。有一天，他去拜访佛光禅师。见面后，他问佛光禅师："大师！我虔诚拜佛已经有20年了，但是我感觉最近在持佛号的时候，好像与往常不太一样。"

佛光禅师问道:"有什么不一样呢?"

朱慈目居士回答道:"过去我在持佛号的时候,感觉心中一直有佛性,就算嘴里不念,心中仍然能感觉到佛声绵绵不断,就是不持佛号,那种声音仍像泉源一样,会自动在心里流淌。"

佛光禅师一本正经地说:"这非常好呀!说明你念佛已念到净念相继,与佛相应,找到自我的真心了。"

朱慈目说:"但现在不行了,我感觉不到那种声音了,所以很苦恼,觉得自己的真心不见了。"

佛光禅师疑惑地问道:"真心怎么会不见了呢?"

朱慈目苦恼地说道:"我与佛相应的心没有了,心中佛声绵绵不断的净念消失的无影无踪,想要找也找不回来了。禅师!我非常痛苦,请你告诉我,我该到哪里去找回我的真心呢?"

佛光禅师笑着说道:"你应该知道,真心就在你的身上。"

朱慈目问:"可我为什么感觉不到了呢?"

佛光禅师说道:"因为你欲念不绝,和妄心打交道,所以真心就离开你了。"

信徒朱慈目听后,似有所悟。

佛光禅师继续说:"正如永嘉大师所说'君不见,绝学无为闲道人,不除妄想不求真,无明实性即佛性,幻化空身即法身,法身觉了无一物,本源自性天真佛'。"

人为什么会迷惑呢?是因为虚妄覆盖了真心,所以迷失了自我。迷惘痛苦并不可怕,只要丢掉心中的欲念和虚妄,就可以重新找回自我。可怕的是丢失了自我,却不知道悔过,这样就会一直在错误里打转,永远迷失真我。禅定是指自己不被外界色相所诱惑,不被自己的贪婪、嗔怒、愚痴、傲慢和疑心所牵动,维持醒觉的状态,这时我们才能张开法眼,看清一切,打开智慧之窗,绽放醒觉的光芒。

"终日寻春不见春,芒鞋踏破岭头云;归来偶把梅花嗅,春在枝头已十分",这首诗偈是唐朝无尽藏比丘尼的大作,大意是说:世人求法在心外,眼睛追求好颜色,耳朵喜听妙音声,鼻子亲近香芬气,舌头爱尝甘美味,身体难离缠绵触,心中执著于分别。人的心在六尘(色、声、香、味、触、法)中,迷失了真正的自己,而悟者却甘愿断绝尘世之欢,以自己的生命同化整个宇宙。佛性一直都在你的心里,只是你不认识它,不知道看重它。它是人生命的根,是心灵的船,载你度过十方世界,而内心深处依然完好如初。它从来都对得起你,但是在世间奔波忙碌的你,对得起它吗?

浑沌之死

【原文】

南海之帝为儵,北海之帝为忽,中央之帝为浑沌。儵与忽时相与遇于浑沌之地,浑沌待之甚善。儵与忽谋报浑沌之德,曰:"人皆有七窍以视听食息,此独无有,尝试凿之。"日凿一窍,七日而浑沌死。

【翻译】

南海的帝王名叫儵,北海的帝王名叫忽,中央的帝王名叫浑沌。儵和忽常常到浑沌的境地里相会,浑沌待他们很好。儵和忽商量报答浑沌的美意,说:"人都有七窍,用来看、听、饮食、呼吸，唯独他没有，我们试着替他凿开。"一天凿一窍，到了第七天浑沌就死了。

这个故事说明什么？方式不对，结果办成坏事，这是因为倏和忽两位帝王不知道"浑沌"也是认识世界的一种方式。他们错误地认为，对世界的把握是越精细、越准确越好，其实并不尽然。世界上的事物是处于复杂的联系中，在一定的条件下，模糊、混沌更能把握世界。

原来浑沌没有耳目口鼻等七窍，因而与外物无法沟通，也不受外物变化的影响。倏、忽为混沌凿七窍的行为毁坏了浑沌的本来面目，直接导致了他的死亡。这个悲剧的深层含义则是庄子对人类破坏了天人合一的和谐所进行的深刻谴责，而这谴责之中隐藏着庄子对失落的人性的深深关切和焦虑。

傅佩荣先生认为，浑沌原来是没有区分的，是一种混同唯一的状态，是和谐圆满、没有分裂的。你替他开了七窍，使他可以得到知识，一旦得到知识，他马上就丧失了"道"。这个"道"是最重要的，你为了追求知识的话，就可能丧失了"道"。所以，庄子强调一个人的研究态度：首先是，"六合之外，圣人存而不论。"举例来说，宇宙之外有没有上帝呢？这是存而不论的。因为你不能证明，也不能否定，所以不要去谈。其次是，"六合之内，圣人论而不议。"你可以说，但不要去详细讨论。譬如，天文学是什么？地理学是什么？这是六合之内的问题，你可以发表个人见解，但不须与人商议。最后是，"春秋经世，先王之志，圣人议而不辩"。我们古代有很多圣王，他们怎么治理老百姓，你可以去商议，但是不要辩论，你一辩论，麻烦就来了。

庄子说："天地有大美而不言，四时有明法而不议。"圣人抑或真人、神人均顺化天地万物的性情与之和谐相宜，不必刻意地追求自我修养。反之而动，妄动智念，企图以人助天，甚或胜天，如果只能是如"混沌"般的悲剧：日凿一窍，七日而混沌死。人不任天而任己，蝇营狗苟，为了欲望而废寝忘食，在庄子看来，是要遭天戮"天刑"和"无所逃于天地间"的。

宋朝学者苏东坡，有一天突然在学禅上有所领悟，便写了一首诗：稽首天中天，毫光照大千。八风吹不动，端坐紫金莲。

写毕，便差遣他的书童送给金山寺佛印禅师。佛印看罢，便在上头批了字，要书童带回去。苏东坡收到回信，心想佛印一定会大大地赞美那是一首好诗，于是急急拆阅，没想到佛印竟然批着"放屁"二字。

他不禁动气了，于是渡江来到金山寺，要找佛印理论。据说佛印很有神通，早就在江边码头等他。两人一见面，苏东坡便责问佛印，而佛印却轻描淡写地说："你不是已经八风吹不动，端坐紫金莲了吗？怎么会被'放屁'二字吹过江来呢？"苏东坡哑然无语。

庄子悲天悯人的博大情怀和超脱世俗的人生态度，使混沌超出了自然层面上的天人合一，达到精神层面上的物我一体。冯友兰先生把这种人与宇宙同一的境界称之为"天地境界"，认为"天地境界"是四种人生境界——自然境界、功利境界、道德境界、天地境界中的最高境界。

禅宗六祖获得了衣钵心印之后，害怕别人嫉妒，迫害自己，所以连夜逃走了。但是，没有不透风的墙，很快众僧侣就得知了这个消息，纷纷追赶而来。

一位叫慧明的僧侣最先追上了禅宗六祖，并假惺惺地说不是为了衣钵而来，而是真诚地为了求法而来，恳请禅宗六祖接见。

禅宗六祖说："既然你是为了求法而来，那么你先抛弃一切外援，断掉心中所有思恋的念头。"

过了一会儿，禅宗六祖接着说道："你不要想着善，也不要心存邪恶，你问问你自己，你的本来面目是怎样的？"

听了禅宗六祖的提示，慧明顿时如醍醐灌顶，大彻大悟，接着他又请求禅宗六祖再告诉一下秘密的意思。

禅宗六祖说："如果我能够告诉你的就不是什么秘密了，如果你能好好地反省自己，秘密的意思就在你的心里了。"

慧明听了，感激地说："我遁入空门已经很长时间了，却不知道自己的真正面目。你的指点，使我感觉到如人饮水，冷暖自知。现在我了解了自己的心，对自己完全明明白白了。"

人心总是纷乱复杂，起伏不定，智慧的人能够顺其自然。想要了解自己的心，要学会时常反省自己，了解自己，矫正自己，只有这样，才不会被外在事物欺骗，才会懂得自己的所想所要，才会明确自己心中的最终愿望和理想，才会鼓足勇气一直坚持和努力下去。

慧能的心是"无所住"的心，他不执著于任何事物。有些修道者说他的心如枯木，如寒石，错了。这是死其心，"应无所住而生其心"，心如枯木怎么修道啊？必须"生其心"，要万念俱寂，一灵独觉。常人的心也不能执著。

心恬淡平静，却像大海一样宽广无边，能够包容一切。因为庄子"天人合一"，所以他的心与天同，与宇宙同，与万物同。

后 记

老子是人才，庄子是天才。

庄子是中国文明的月亮，投射着清冷的光辉。

庄子的眼是热的，心是冷的，他形如槁木，心如死灰，一度成为涸辙之鲋。

庄子并非整天独自逍遥，相反他很无奈，他放浪形骸的外表之下，心头却攒聚着深深的无奈与悲哀……

庄子远离了尘世的喧嚣，像一只蝴蝶，徐徐飘舞，快乐逍遥，看透世俗的泰然……

静下心来，读一读《庄子》，体味内在的超脱，获得心灵的宁静，感悟生命的快乐，追逐个体的自由。

庄子说，道在蝼蚁，道在稊稗，道在瓦甓，道在屎溺。庄子所主张的"道"普遍存在于一切事物当中，道不离于日常生活。修道不必于日用平常之事外用功夫，只需于日常生活中无心而为，任运水搬柴，着衣吃饭，涤器煮水，煎茶饮茶，道在其中，不修而修。

庄子的智慧来源于苦难人间世的观照，他开启我们的心灵，开放我们的胸怀，提醒我们要有整体眼光，放弃无谓的争论，放下利害的执著，亲近自然，珍惜内心，看破生死，"鼓盆而歌"，获得游刃有余的人生，安顿我们疲惫的心灵。

庄子不是阿Q，一副失意文人的模样，也不是避世、反智、唯我主义，他是个轻松有趣的智者和诗人，从梦蝶、鱼乐，到大鹏、河伯等一些寓言，你可以感受到他像游鱼一般的快乐，与万物、众人"相忘于江湖"般孕生出来宁静的喜悦。

庄子对生命本体的独特洞察超越了狭隘的思维空间，成为中国式天人合一的典范。庄子超越狭促的心灵，不再守着一方小塔，而去拥抱整个世界、整个宇宙。你可于"宠辱不惊，去留无意"时，人生便已完美！

庄子已经成为中国文人的白马王子，魏晋时期，玄学兴起，以阮籍、嵇康为代表的"竹林七贤"对庄子大加倡导，提出"越名教而任自然"，以庄子的思想行为为标榜。庄子的"天地与我并生，万物与我为一"的精神境界，对后世产生了很大影响。透过庄子表面上看起来超脱、冷酷的言辞，我们可以看到庄子对人生、生命、心灵的眷念和爱护。前有嵇康，后有刘文典，嵇康就戮，《广陵》绝矣，天籁旷寂，万物皆黯；琴声清幽，一人独醒。

禅道本一体，道心即禅心。以禅解庄子，可以结合禅宗之精微和道学之幽玄。在本书中，我用佛禅的语言，解读道家典籍，尝试以智慧的情趣、恬淡流畅的文笔，将《庄子》一书中那些古奥艰深的内容，深入浅出、生动活泼地呈现出来。

禅宗有一偈："春有百花秋有月，夏有凉风冬有雪。若无闲事挂心头，便是人间好时节。"苏轼《临江仙》云："常恨此身非我有，何时忘却营营？"对于人类来说，蚂蚁的忙碌和争斗是渺小的；对于宇宙来说，人类的喜怒哀乐也同样是渺小的。现代社会逐渐分化为两个极端，一端是不甘于困窘的贫穷者；

一端是厌倦了金钱又不断聚积财富的富有者。贫者消极,富者颓废,人们都找不到回归精神家园的道路。人们之所以处于这样的状态,就是过度以自我为中心,每个人都把自己看作主体,这种自我意识是一切祸害的根源。只有消除了自我意识,人们之间的冲突才能消失。这个世界怎么改变并不重要,重要的是我们内心的世界,不要陷入外境的迷思,平添烦恼。我们常因外境心生分别,一句好话上天堂,一句批评茶饭无味,辗转难眠。

在北京,出门乘坐公共交通工具,如地铁、汽车是最便捷的交通办法。每次乘车,便可以看见车上的乘客行色匆匆,目光呆滞,虽然衣着时尚得体,但脸色茫然,难掩倦容,满面只写着两个字:无神。我对于老家皖西北的小县城没有好感,却对那里的乡村魂牵梦绕。小时候,夏天夜晚,白天和大人一起干活,晚上一人睡于田野,头枕玉米秆,眼望星空,很幸福的感觉。还有萤火虫,小时候一到晚上,漫山遍野都是,一闪一闪的小虫儿,我们小伙伴会把它捉住装在玻璃瓶里当灯笼玩。现在绝迹了,到了晚上漆黑一片,什么也没有。十年前我从田园走向远方,十年后我渴望从远方回归田园,从起点到终点,从终点回到起点,人生寄旅,轮回之中。

转瞬之间,青春韶华消逝。从S城到北京,经过了人间世的苦难以后,也经历了铁屋中的呐喊,深感世界上最难的一件事,便是安心。心无安顿处,无安顿时,才是人生最大的苦恼。欲得人生之乐,还须先洗去心中尘污。我最先在《圣经》中寻找,还一度参加过家庭教会,听过牧师的宣讲和信徒的见证,心有所动。耶稣对撒玛利亚妇人的那段话,更让我惊喜。耶稣说:"人若喝我所赐的水,就永远不渴。我所赐的水,要在他里头成为泉源，直涌到永生。"我所要寻找的，不正是能够永远止住心灵饥渴的泉水！可是，不知道为什么，我却没有走向上帝，因为读完了《圣经》，我还是渴。两年以前，我开始读佛经，接触到《坛经》，又沉迷庄子，没想到一读就沉了下去。庄禅哲学启发我，人的命运可以掌握在自己手里，而不需外力救赎。我心灵的全部功能都被调动起来，去研读佛经中的一字一句，每一个比喻，每一种境界，渐渐地，觉得身心被无限地扩大，仿佛又回到童年，在天空和田野中自由翱翔。相比强调顺服依靠的基督信仰，庄禅哲学可能更为自然一些。

庄禅哲学确实有些相似地方，比如破执、空物我、泯主客、齐生死、反认知、重证悟、亲自然、寻超脱等，特别是在艺术领域，庄禅浑然一体。庄子认为，个人本体应摆脱一切"物役"而获得绝对自由。他"物物而不为物所物"，他"背负青天，而莫之夭阏"，他"无所待"。他要做的是"至人"、"真人"、"神人"、"大宗师"。为了达到这个理想人格境界，庄子认为则应"安时而处顺，哀乐不能入"，则应"坐斋"、"坐忘"、"形如槁木、心如死灰"。禅宗始于六祖慧能，讲求的是"不立文字"。他认为，任何语言、文字只是人为的枷锁，是有限的、片面的、僵死的、外面的，是束缚阻碍人们追求"道"的根源。禅宗在客观上仍包含有对感性世界的肯定和自然生命的欢欣，而这也正是审美感受不同于宗教经验所在，这也正是禅与庄的深层次的相通之处。

庄禅哲学启发我们，在纷繁喧嚣的世间，认清自己的心灵，发现自己的本性，逍遥于物外，任天而悠游，找到面对世界最基本的出发点。

本书参照著名庄学家陈鼓应先生注译的《庄子今注今译》（2007年商务印书馆版），特此致谢！

后记